JN437826

라데츠키의 팔짱을 끼고

오현정

포항 출생. 숙명여대 불문과 졸업. 1978년, 1989년《현대문학》2회 추천완료로 등단. 시집『몽상가의 턱』『광교산 소나무』『고구려 男子』『물이 되어, 불이 되어』등. 애지문학상, PEN문학상, 월간문학 동리상, 숙명문학상 등 수상. 숙명여대 취업경력개발센터 강사, 한국문협 이사 역임. 한국시인협회 이사, 국제PEN 한국본부 이사, 한국여성문학인회 이사 등.

every424@hanmail.net

라데츠키의 팔짱을 끼고

—

초판1쇄 2019년 9월 23일
지은이 오현정
펴낸이 김영재
펴낸곳 책만드는집

—

주소 서울 마포구 양화로3길 99, 4층(04022)
전화 3142-1585·6
팩스 336-8908
전자우편 chaekjip@naver.com
출판등록 1994년 1월 13일 제10-927호

—

ISBN 978-89-7944-703-3 (04810)
ISBN 978-89-7944-354-7 (세트)

책 만 드 는 집 시 인 선 134

라데츠키의 팔짱을 끼고

오현정 시집

책만드는집

| 시인의 말 |

쌓인 말들이 새로운 한마디 말과 어깨 나란히 걷는다

햇살과 나무와 사람들은 구름으로 흐르고
내일의 꿈들은 상상보다 먼저 날아가

미래의 로봇에게 입힐 한 구절을 위해
혀 속에 오래 스민 벌거숭이 말 낙관을 누른다

살아 있다는 것은
먼저 간 사람의 몫까지 더 멀리 깊이 가보라는 행진곡이다.

—2019년 여름
오현정

| 차례 |

2부 라데츠키의 팔짱을 끼고

3부 사차원의 뒤뜰

4부 쩸쩸 향이 나네요, 당신

1부

화성에 가기 전에

버즈칼리파의 맛잠

금이 간 빌딩을 다시 쌓고 잠들고 싶어
어제 올린 물건 건너편 7층짜리 건물에 눈독 들인다

언젠가 모여! 하면 스위트룸 하나씩 주겠다던 약속
기초공사 때부터 부실 공사에 해거름을 끌고 가
50도 열사의 나라에 인공 스키장의 슬로프를 세운다

도전 정신으로 밀어붙여도 녹록지 않은 사막바람인 양
상상을 현실로 만들기엔 현기증이 울렁증을 놓아주지 않는다

한 계단 밟아 오를 때마다 빌딩 주인이 아니라서
메마른 너의 모래 위에 심혈을 기울여 인공 도시를 짓는다

현대식 들보와 서까래로 우뚝 버티고 선 버즈칼리파의 복층 유리 사이
두바이 지도자가 째려보든 말든

새참 타령 흥얼거리다 서투른 공법이 쉰 땀을 닦는다

오늘의 공사는 하청이 없으니 부도도 없다
수당은 건너뛴 점심으로 채우고
오직 꿈꾸는 두 눈과 손가락만 빙긋 임금을 세며 자판을 누른다

설계도를 살피며 팔 걷어붙이고 미장일까지 마무리는 멀지만
너의 걸음은 벽 속에서 잠자던 도면을 따라 새 빌딩 냄새로 걸어간다

굴러떨어지는 시시포스의 바윗돌은 약자만이 밀어 올리는 게 아니다
예상치 못한 가파른 유리벽은 누구에게나 있다
오후 4시면 수탈당하는 가난뱅이 코스프레는 이제 기계지능에게 맡겨

내일은 더 좋은 날을 두고 먼 나라에 간 너를 호출해
바닷속 열대어와 함께 엘리다 내추럴 겟차 커피를 들고 해저 건축 도서관에 간다

벙긋대는 물고기의 입이 다 같이 졸자고 너의 목을 꺾을 때마다
셰이크 모하메드의 2천 편의 시를 차례대로 들려줄게

휘파람으로 호명된 마천루 꼭대기의 새들이 진지한 경하를 바칠 때
그래서… 뭘 말하고 싶은 건데?
인공 눈물로 다진 대리석 기둥 위로 너의 잠 깨어나 안전 점검 중이다

비트코인의 입술

새벽 꿈결에 안아본 당신, 낮 동안 누구를 만나 어떻게 변할지

더 이상 베팅할 수 없으면 검은 가방에 넣어둔 푸른 지갑을
지갑 속 종이돈을 가상화폐로 바꾸세요

당신이 선물先物이면 내 선물膳物은 진짜 선물

서로가 물먹였다 울먹이지 말고 마약왕 파블로 에스코바르처럼
시가를 물고 검색대를 유유히 통과하세요

실연의 아픔이 뭐냐고 청춘은 물을 거예요

제도권으로 들어가는 사토시 나카모토의 예지대로
중매쟁이 없이도 당신에게 윙크하는 연인들로 넘칠 거

예요

아포가토 한 잔 나눠 마시지 않고 온라인으로 황금 아기를 낳고
오래오래 비둘기를 품고 미소 짓는 거래가 한창 무르익어 가요

금회의 은화기 반짝이자 쌀과 도자기가 뒷진으로 밀려났듯이
당신이 내려받은 소프트웨어가 이제 당신의 유일한 자산

캐면 캘수록 몸값이 치솟는 이유는 검게 뒹굴어본 호기심만이
채굴권을 암호로 살 수 있기 때문이에요

비트페이는 이름도 모른 채 주고받은 설렘의 모든 책임을
당신에게 묻는 규약이자 절차

흠결 잡히지 않게 유의 사항을 잘 숙지하시면
여의도에서 니혼바시, 월스트리트 어디에 있든
지구상 그 어느 지점보다 당신은 내내 상승세를 그리는
차트쟁이가 될 거예요

수첩이 맛있다

파랄수록 아껴 먹었다
실천만이 진정한 약속이라고
망고 얼룩이 갈색 반점을 둥글게 그려나갔다

익지 않은 말이 시간의 눈썹을 지나 그늘의 소유자가 되었다

구속당하지 않으려고 식은 열이 오른다
한 쪽 넘길 때 그 안에 웅크리고 있던 옹이가 떠다니는 숨을 당긴다

숙성된다는 건 목젖에 걸려 있는 말꼬리에 먼지를 닦는 일이다

봉인되지 못한 여백의 청가시를 꺼내 접시를 닦고
너를 돋우는 따끈한 소반 정갈하게 차리고 싶어

주어진 재료로 무엇을 만들지 까칠한 입맛까지 부르면
아침 햇살에 기억의 거미줄을 걷고 모락모락 김이 나는
그 순간들

창고 속 단감 상자 위에서 신메뉴를 출시 중이다

기호와 암호를 푼 요리는 담백하지만
굴릴수록 혀에서 꼭대기로 천천히 고솜고솜 올라온다

화성에 가기 전에

와디럼 사막부터 사귀어야지
심장이 더 무뎌지기 전에

숯불로 달궈놓은 사막의 구덩이에 세 시간을 견디면
곧 떨어질 것 같은 버섯바위도 제집을 짓는다

그냥 내버려 둬 수맥 찾아가게
모래보다 먼저 달리는 바람도 가게 놔둬

바위산의 와디는 내가 살아온 하루하루
따라붙다 멀어지는 베두인 지프차도 손가락질하지 마

제 꼬리 밟고 맴도는 여우는 가지 위에 앉고
외로운 너구리는 바람 타고 굴을 뚫는다

귀에서 뇌까지 너 아닌 나에게 불 지피는 불꽃
렛잇비, 렛잇비 사막별은 혀를 굴린다

비틀즈의 해체를 모궁은 예감했다
나를 당기던 너, 너에게 끌리던 나
원소에서 또 다른 원소로 윤회를 거듭하는 바람과 빛이다

너를 가장 닮은 와디럼은 사람들이 양고기를 뜯는 동안
울었다
빽빽한 모래의 눈이 붉다 못해
지나가는 안녕을 맴도는 형광으로 춤추다
돌아가는 뒷자락에 스러지는 불씨의 결 하나를 지핀다

그냥 내버려 둬, 그냥 내버려 둬
가슴별은 달무리 삼키며
또, 너를 당긴다

화성으로 가기 위해 와디 하나 긋는다
심실을 머금은 모래입술이 이슬을 깊숙이 빨아들인다
풀의 태동 소리, 너 있는 별에도 오아시스가 터지겠다

증강현실에 들다

뭘 망설여요

내 안으로 들어오세요

입구에서 체험 용지를 들고
거기 그려진 것 중에서 내키는 곳에 맘껏 색칠하세요

이제 스마트폰을 꺼내 나의 앱을 다운 받으세요

색칠한 그림을 촬영하면 3분 만에 당신 마음을 인식하고
나와 즐거운 게임을 할 수 있어요

게임 모드 버튼을 동시에 천천히 꾹 누르면
공중에 떠 있는 별자리 보여요

다산의 유물도 하늘에 띄우며 우주여행을 할 수 있어요

박물관은 이제 영원히 살아 있는 당신과 셀카 놀이에 흠뻑 빠졌어요

종알거리는 하루

라스베이거스 컨벤션 홀
스마트폰을 양손에 든 C(consumer) 기업 임원보다
컴퓨터에 명령하는 E(electrics) 로봇의 말이 더 빠르다

지령을 받은 S(show) 세탁기는 최첨단 기술을 다림질해 펼친다
빨랫줄을 바라보던 정치인과 교수는 기자들보다 먼저 올해의 트렌드를 읽는다

인공지능이 퍼진다 C는 이제 차이나(china)의 약자
머릿수가 많으면 천재의 본능도 진화한다

펀치카드로 출근하고 진종일 마우스를 밀고 당기던 언어연구소 시인은
SF영화 시나리오를 감성 로봇녀에게 먹인다

기계가 깔, 깔, 깔 사람보다 더 호들갑을 떤다

장례식에서는 인간의 말을 잘도 받아먹는다
어찌나 슬피 우는지 하루도 조용할 날 없이 재잘재잘

871만 종째 호모사피엔스의 출연 파티에 티티새와 송충이가 입을 다문다
바벨탑에 갇혔던 언어들이 돌아오고 있다

두근두근 발굴단

모르는 사람 블로그의 오늘이 우리 집 대문을 두드릴까
이륙할 때 의자 팔걸이를 꽉 잡는다

처음 가는 곳에서 눈에 익은 아이디를 재어볼까
히어리나무 끝에 앉은 바람이 세 근 네 근이다

주인이 누군지 모르는 카페에서 코란 위에 손을 얹고 맹세할까
어려운 걸 쉽게 앉히려고 종알거리는 하루를 풀어낸다

날아가는 시간이 떨군 사진 한 장 찾아낼까
너와 발 담근 시냇물이 붕붕 떠다니다 사막 모래 결이 된다

지중해와 홍해, 이름 부르면 지퍼 채운 말 넘실넘실 온몸으로 울어댈까

갈 곳과 닿을 곳을 모르는 것처럼 심해心海 산호 찾아

발굴단은 고대와 현대를 가로지른다

네페르타리

내 이름엔 뱀이 머리가 된 독수리가 앉아 있어요
긴 혓바닥은 해를 깨워 칭얼대는 파라오에게 두 눈과 귀를 한껏 열게 하죠
포도주에 뱀독을 약간 넣어 물려도 죽지 않게 그를 지키고
왕의 안식을 궁리하다 단잠에 빠진 그를 영원처럼 품어주었죠

덜컥대는 좁은 야간 침대기차를 타고 밤새 내 이름의 상형문자를 풀어온 당신
람세스 2세와 마주 선 나를 읽고 그의 입술을 문댄 검지를 내 입속에 넣어주었죠
순간 채도가 살아나는 나의 두 팔과 도끼와 집게와 그릇을 봐요
바라만 보던 거리가 이제 포개졌어요
내 손가락은 종달새로 빵을 구워요

람세스 2세는 나를 태양신의 아내 하토르와 나란히 올리고 싶었나 봐요
왕가의 계곡 중에서도 가장 음부에 내 무덤을 숨기고
사람들의 숨결과 스마트폰의 광채를 피해 오래오래 내 모습을 지켜주었죠
아직 다 풀지 못한 비밀은 당신이 구워본 에이슈 발리디 빵 속에 채우세요

두 눈동자에 새겨진 사하라 사막의 신기루처럼
불을 먹고 불춤을 추는 베두인의 허리로
맨발로 홍해에 돛을 펼치는 펠루카의 휘날리는 머리카락에
터번을 쓰고 히브리 노예의 피땀이 쌓은 피라미드의 테러에서 살아남은 돌
바로 당신이에요, 바람이 돌 귀퉁이 밀면 스핑크스가 당장 날아올 거예요

돌아가는 길에 카이로의 시장 골목길에 있는 엘 피샤이 카페에 들르세요

소설가 나기브 마푸즈가 시간의 창고에서 당신을 만나러 올 거예요

그에게 물담배를 권하고 아부심벨의 왕비 네페르타리에게 못다 한 질문을 이어가세요

아마 한 하릴리 시장의 미로를 빠져나오기 전에 코란을 새긴 패널을 사라고 할 거예요

모스크의 아잔이 울리면 사랑의 신 하토르가 된 나를 생각하며 가슴에 양팔을 얹어요

신은 인간이 만든 걸작품, 유한한 목숨에 영생을 불어넣는 당신 안에서 함께 숨 쉬고

당신은 고양된 이 기쁨을 산등성이 잇는 들의 입김으로 전하며 우리는 불멸의 길을 가요

이집션이 '꼬리'라 부르는 당신, 참 멀리서 나를 만나러 와서 정말 반가웠어요

슈크란*, 오래 기다린 사람이 진솔한 친구가 된다지요
뱀과 독수리가 들을 수 없는 당신 이름을 알고 싶어요,
나의 오아시스

* 아랍어로 '감사합니다'라는 뜻.

자목련과 황소자리

해산의 고통을 더느라 촉진제를 맞았다

아득한 시간 너머 자목련이 핀다

장롱 속 묵은 원피스가 그날의 가방을 들고
신발장 뛰쳐나와 들판으로 자전거 바퀴를 굴린다

혓바닥 내밀고 잠 깬 검은 개 한 마리 암컷의 엉덩짝에 올라타자
파꽃이 덩달아 춤춘다

잘 치대어 반죽하는 비법에 빠진 빵가게 아저씨
질주하는 치맛자락에 균형을 잡아주듯
에코백에 통밀빵을 넣고 3분을 긁적인다

얼마나 익혀야 삶이 제대로 발효될지 아무도 모른다

시침에게 배우는 호기심은 증진제가 필요 없다

아슬아슬 강을 건너가 부풀어 오른다

들소 떼를 보며 버티는 뿔을 얻고
안개와 어둠을 헤쳐 점성술을 익힌다

황소자리 아기 울음 내 속을 열고 나온다

상쾌한 브런치

11시 30분이랬지! 하늘 아래 하찮은 약속은 없어, 그것은 두 방울의 물방울이 한 방울이 될 때 정해진 것이야
통통 튀는 아침을 느긋하게, 안개 거친 보정동 카페거리
친구와의 브런치 타임이 미해결의 어제를 산뜻하게 제쳐버릴 거야

조반과 점심 사이 싱싱한 유기농 야채를 신찬神饌처럼 아삭아삭 씹으며
자존감의 새파란 즙을 쪽쪽 빨아들여 한가롭게 지구의 반 바퀴를 돌듯 아침나절을 굴리고 있어

어젯밤 잠들지 못한 이유 브로콜리 스프 위에 흰분홍 갯메꽃으로 피어나고
크루아상과 깻잎떡볶이, 토르티야 피자 한쪽이 정맥에 걸리지 않았지
오늘따라 표준 몸무게를 유지한다는 건 몇 알의 체리토마토야

오전과 오후 사이를 부담스럽지 않은 낱알로 흐르는 시간
그대와 나 브런치로 만나면
이시스 여신이 트렌스젠더 이피스를 옆자리에 앉혀놓고 닭고기 가슴살 굵직한 근육의 사자후, 할喝로 울부짖을까?

남자로 길들여진 이피스도 당신 덕분에 난 포기하지 않았어
이안테의 젖무덤에 고백하고 수다를 털어낸 숙면으로 팔베개를 할까

브런치가 있는 날
사람과 사람 사이 상큼한 초여름 바람이 하얀 접시 위에 스쳐 가
피나콜라다 칵테일 한 잔 속에 진솔한 일기를 꽃잎 한 장 넣어 보낼게

잉카콜라와 차랑고

가쁜 숨을 몰아 돌에 영원을 찍어 누른다
가없이 더 높은 존재 당신을 모신다
적과 싸워야 하는 나날 물과 불, 굵은 옥수수 알갱이가 목숨을 이어주고
돌덩이 옮겨 성을 쌓다 당신께 맨발의 아이 하나 주십사 기도한다

잉카의 신은 하늘이요 태양이다
해발 3,800미터에서도 뜀박질하는 내 아이에게 물려주고 싶은 것은
불멸의 심장과 콘들의 날개와 돌의 눈물이다
천둥 번개도 흔들지 못하는 방어벽을 쌓는 것은
썩지 않는 창고에 저장하는 내일이다

소금빛으로 익은 아내는 약초 캐는 눈 깊은 농사꾼
안데스의 산맥을 따라 태초에 바다였을 고산 영봉에 숨어 있는 산호다

신을 경외하고 악을 물리쳐 사람답게 살아남고자
흐르는 짜디짠 산물을 가두고 걸러 천연의 맛을 내는 여인이다

잉카는 돌과 소금, 옥수수를 바람에 말리고 저미는 분노는 살에 새겨
코카콜라도 녹일 수 없는 신비한 단맛 탁 쏘는 노란 액체를 낳았다
먼 바람 냄새다, 모래 냄새다
이별의 틈을 메우는 12각 돌쌓기 하는 아버지 땀 냄새다

돌산의 현을 타고 차랑차랑 차랑고 소리 애잔해
리마로 가서 엉덩이가 탱탱한 처녀를 맞으면
축하객인 쿠스코의 신산한 공기가 몰려와
어린 알파카를 잡아 그 피를 마시게 하고
털은 신부를 위하여 곱게 물들인다

붉은 망토를 걸치고 입꼬리를 올린 채 신랑에게 오는 잉카의 젖가슴
연분홍 유두가 검은 구름을 빨아들여 누세기를 먹여 살린다
첫날밤은 그 누구의 노예가 아니다
그 어느 나라의 식민지를 뒹구는 게 아니다

아디오스! 페루의 석류보다 촘촘한 이를 드러내는 초승달 눈썹
목마른 대지는 잔 높이 들어 그라샤스, 신이 살아 있기를 빈다
피의 땅에서 제국주의를 뛰어넘는 아버지의 아들은 가장 강한 전사를 심고
마추픽추의 돌계단 넘어 미로를 찾는다
잉카콜라는 6월 동지에 솟구치는 인디오의 봉우리다
코카잎도 없이 오르는 내 문장의 차랑고 소리다

돌체의 시인

그는 다방 의자 위에서 쪽잠을 자다 깰 때면
바흐를 들으며 세수를 했다

담배와 술에 절어 순수의 높은 순도를 마셨다
친구 대신 언어와 놀다 에고이스트가 되었다

삶의 연주는 부드럽고 우아한 묵화 한 점 남기기

연기 속에서 북 치는 소년과 얘기 중인 이상주의자

다이아몬드 커팅으로 세공된 악보는
살아생전 성황리에 연주되기 어려웠다

남쪽 끝에서

찾았다, 벽을 따라 스나피 조의 익살맞은 표정이 그려진 카페
팔 스프에 튀긴 바나나 한쪽을 들고
헤밍웨이가 모히토를 즐겨 마시던 자리에 앉았다
마초적인 나무 식탁의 굵은 결에 시간의 끝 지점이 출렁인다

여기서 더 이상 갈 수 없다
한 번뿐인 생을 뜨겁게 태우던 시가 연기는 명상에 잠기고
에스프레소 쿠바 커피 향이 벼랑으로 가는 키웨스트의 맥주 거품을 달랜다

박하 향 한 잔이 내 속에서 서핑 중이다
그가 더 이상 멋진 사내로 살 수 없을 때 자신의 머리에 날린 총알처럼
단호한 섬광이 햇빛에 반사되어 사람들을 비춘다
나의 겉과 속을 비춘다

천장에도 벽에도 네 명의 아내를 두고도 혼자 죽어간 헤밍웨이가 묘하게 웃는다

그가 마셔버린 빈 잔 속의 행복한 털보송이, 심각한 또 다른 얼굴에게

최남단 제로 마일에서 어디로 갈 것인지 묻는다

설탕 혹은 소금

벌레들의 수다를 가로수 돌 틈에 쟁여두네요
당신의 닉네임은 사라지는 꿀벌,

그녀가 코디해준 청재킷 안 후드 뒤집어쓰고
크라잉넛의 '밤이 깊었네' 듣고 있나요

흔한 별명 한 벌 입는 건요, 꽃 속에서 꽃물 길어 올리기
헤어진 후, 솔 향 스민 산수화라도 되고 싶은 거죠

콧등에 앉은 나비, 여왕벌 발뒤축 밀어 올리는 소금이 궁금한가요

기왓빛 문장이 짚신 엮는 밤, 벌 나비는
먹빛 등껍질 벗고 밝은 음 바라기 돌 꽃을 잉태하나 봐요

맨발로 산을 넘어온 메아리, 인왕제색도에 바람막이를 펄럭여요

붓을 씻고 여덟 폭 늦가을 병풍 속으로 성큼 들어선 당신, 눈가림이 필요하군요
진품을 위해 가끔 위작도 그리나요

본명을 두고 가명을 쓰는 진짜 이유 말할 수 없겠죠
아침이 올 때까지 당신의 생각은 창을 열지 않겠죠

별이 사라지지 않게 자두나무를 색칠하는 각 잡힌 당신을 알아볼 수 있을까요

사보나,* 희망봉

비바람 몰아치는 케이프타운에서 두어 시간
360도 회전하는 케이블카를 타고
까마득한 삶이 내려다보이는 거센 바람,
테이블 마운틴에 오른다
평평한 식탁 테이블 위에 사람과 사람들
그 속에서 다양하고 복잡한 지도를 몸 안에 새긴다

바위 위에서 온몸을 펴 야호!
쌓인 근심과 피로를 대서양으로 날려 보낸다
인류의 조상 호모사피엔스가
인도양을 한눈에 마주하다 슬기를 먼 세계로 내보냈을까

처음 자연의 몸짓을 내 몸 안에 깊숙이 넣고
희망봉까지 거북이처럼 걸어간다

해안선의 기다림이 차례를 지키지는 않은 채
야릇한 미소로 울렁거리는 내 속을 휘저어 끌고 간다

파도가 뒤통수를 치고 내빼다
대서양과 몸을 섞는 인도양
차가움과 뜨거움, 그 속을 알 수 없는 반칙왕이다

부서지는 검푸른 파도가 찬란한 햇빛에 녹는다
응어리진 분노가 희망곶에 닿아 하얀 거품을 물고 운다

내일을 예측할 수 없는 날씨처럼
다가오는 시간이 철없이 웃는다
네가 웃으니 나는 그대로 커다란 무지개가 되었다

사보나, 사보나— 내 울음은 이제 여기서 안녕!

* 아프리카 말로 '안녕'이라는 뜻.

바다를 믿어요

해돋이 길에 아침이 떠올라요
깔끔하게 뱃전을 닦는 오늘 하루가
잔잔하게 뱃길을 열어요

고달픈 삶을 달래던 간밤의 술 찌꺼기
저 바다에 던지지 말아요
안전선을 넘지 말아요

먼 갯바위 어디선가 길을 잃고 헤매는 사람들
우리를 기다려 젊음이 파도를 넘고 있어요
바다의 등대 해양경찰은
바이킹도 물리치는 대한민국의 방파제

불온한 물건이 들고 나는 걸 찾아내고 말 거예요
더 이상의 오염은 없을 거예요
갈매기가 하늘 높이 날아오를 수 있게 우리는 맑은 바다를 지켜요

꿈으로 출렁이는 사람들이 해평선을 보러 와요
지난 일은 함께 나아갈 푸른 세상에 보내고
바다를 믿어요, 젊은 내일을 불러요

2부

라데츠키의 팔짱을 끼고

절벽 호텔

마추픽추를 보고 파삭의 숙소로 가는 중 우루밤바에서 절벽 꼭대기에 지어진 호텔을 보았다. 잠시 버스에서 내려 까마득한 절벽 호텔을 올려다보았다. 일행 중 누군가가 예약은 밀려 있고 숙박비 또한 만만찮다는데 꼭대기로 꼭대기로 죽기 위해 올라가는군, 뚱뚱한 고산증이 복상사를 염려한다. 여기저기서 말 멀미를 게워내자 하늘과 가장 가까운 스위트룸이 나를 내려다본다. 목을 젖히고 허리를 젖혀야 보이는 방 안의 튼튼한 심장들, 뛰어내리지 못하는 삶은 평지에서도 숨이 차다. 잃을 게 없는 저 높은 핑크빛, 단 하룻밤의 투숙으로 몇 굽이의 절정을 저어 가다 콘들의 눈알을 가슴에 넣고 까무러칠까, 언제 올라가 볼까? 모래폭풍에도 지워지지 않는 상형문자 하나 잉태를 위하여 가시투성이 키 큰 선인장을 이리저리 껴안는다.

라데츠키의 팔짱을 끼고

서울대학병원 장례식장에 다녀오는데 구름나무에 은행비가 내린다
무던히도 사계를 버티며 통증을 파도타기 하던 독신 귀족나무는
할 말이 아직 많은데 수액을 잃어버린 채 낯선 곳으로 혼자 가려다
비행기 좌석을 나란히 예약했는지 은행 두 알 내 어깨위에 얹어놓고 간다

영혼은 3막 3장 다음 붙임줄을 해독하는 행진이라고
남은 신명을 어쩌지 못해 셰익스피어의 오셀로처럼 외치다
못다 부른 노래 지휘봉에 실어 영광과 희망의 나라로
피아니시시모ppp를 타고 포르티시시모fff를 건너고 있다

다시 만날 땐 너의 웃음보따리가 더 커야 해
마지막 말을 품고 가라앉는 눈시울을 서로 올린다

연두 싹 돋는 무릎으로 발맞춰 걷는다

알렉산드리아

마차와 람보르기니가 공존하는 도시
지중해빛 자동차 뚜껑에 앉아 제 몸을 핥고 있는 얼룩 고양이는
시저를 기다리는 클레오파트라다
이집트의 마지막 파라오 그녀는 해산물 스프와 흰 생선살 튀김과 붉은 즙의 비트로
매혹의 처녀가 되었다

반쯤 벗겨진 옷을 입다 말고 엉거주춤 서 있는 빌딩은 옥타비아누스
알렉산드리아 도서관은 안토니우스의 사랑의 증표이다
20만 권의 책을 가져와 이집트의 파라오에게 선물한 안토니우스
그녀의 두 눈과 마주치면 창을 버리고 갑옷을 벗어 던졌던
그리스 남자, 로마 남자들이 지중해의 물살을 헤치고 알렉산드리아로 몰려왔다

도서관 벽면에서 드디어 한글로 새겨진 월, 세, 강을 차례대로 찾은 고대의 책갈피는
이집트에서 월세 얻으면 강씨 성을 가진 인연을 만날 거라며 별점을 친다

말놀이하느라 해풍에 날아간 스카프를 따라가다 방파제에 걸터앉아
에티오피아에서 끌려온 고대 파라오 시대의 공주는
왜 이집트 남자와 사랑에 빠졌을까, 구글에게 묻는다

오페라 베르디의 '아이다'가 밀물을 타고 파도로 밀려와
개선행진곡은 몬타자 궁전 정원 나무들의 키를 높이고

유대인들은 여기서부터 전 세계를 떠돌아다녔는데
클레오파트라의 겨드랑이는 아직도 가렵다

시리우스의 운석이 박힌 두 눈을 살포시 감은 고양이는 그녀의 무덤을 안다
사막 울음 속 모래바람이 짐승의 털이 일어서는 각도를 보고 점을 치다

주술사도 찾을 수 없는 그녀의 고향 알렉산드리아에서
그녀 닮은 여인들 사이를 걸으며 차도르를 하나씩 벗겨 본다

그녀의 무덤을 찾는 누군가 알렉산드리아를 가질 것이다
낡고 푸른 꿈, 송두리째 독수리의 활강으로 시간 위를 날아오를 것이다

낮달맞이꽃

해 뜨자마자 오세요
당신 오시라고
햇살 결음 눕히고 노란 꽃등 켜놓았어요

어서 오세요 서방님
나는 날마다 허리가 하늘거리는 새색시
골짜기엔 계곡 물소리
흠뻑, 산 이슬에 젖을 거예요

길을 잊으셨나요?
해 지기 전에 오세요
저녁까지 기다리다 조막손이 되겠어요

하늘은 바나나

네 짝짝이 눈썹을 읽어봐
삐뚤빼뚤 말하고

원근법을 무시하고 껍질을 벗기면
우리 모두 모네의 하늘 아래 있지

뚫어지게 집중하다 소라는 바나나가 되지
무채색이 품은 파랑은 파랑을 읽고 당신과 출렁이는 구름

눈 뜨면 삭제된 악몽이 냉동에서 막 깨어난 고양이처럼
뼈를 풀며
50초마다 인생을 바꿀 분기점을 찾지

알잖아, 잘난 혀가 핥아먹는 진실이 무엇인지
정신 혁명이 필요해

이 시점에서 너를 겨누는 스타벅스 창가 자리의 노트북

을 위해
잠수 엔터테인먼트를 펼쳐봐
한 번 죽으면 두 번은 살거든

핏빛 삼키면 네 안의 아우라가 구름과 바람과 햇살의 손을 잡고
유통기한 없이 자존감을 세워주지

너는 두 손으로 귀 뒤로 머리를 살짝 넘기면서 웃기만 해
쑥스럽게 솟구치는 부끄러움 대신 자신의 초상화에 검은 심만 갈아대다

자각몽自覺夢에서 일어서면 지베르니에서 양산을 쓰고 기다려봐
땅이 얼마나 파랗게 다져지는지

남극은 해평선이다

너에게 갈 때 조이는 신발 끈 둘은 오늘도 평행선이다

X와 Y로 묶이지 않는 도저히, 를 단단히 싸고
얘기하지 않아도 알아주길 바라던 마음 서툴게 풀어놓는다

인연이란 바로 너야, 허겁지겁 달려와도 타이밍은 늘 어긋난다

차라리 비자도 없이 화폐도 없이 그냥 갈걸
한 해의 절반을 어둠 속에 누워 오직 너에게만 푹 잠길걸

백야를 밝힐 전압도 창가를 두드리는 이방인과 나눌 공용어도 모른 채
경선이 만나는 극점 부근에서 너의 눈 속으로 빨려 들어가는
시간이 개념 없이 사라지는 거기

한 발짝 내딛으면 한 시간이 지나버리는 경도
너에게 안겨 바다표범처럼 수수만년 유빙을 건져 올려
빙하 칵테일로 혀를 식히고
펭귄의 신비한 몸에 깃발을 꽂을걸

안타르티카Antarctica 그 땅 아래 꿈틀대는 살아 있는 것들로
나의 숨을 오래오래 너의 피톨에 담그는 동안

고무보트를 타고 상륙하는 연인들
맨발이 되어
환호하는 그곳, 언제 출발이지?

그 여자, 비천도해飛天渡海

구름 삼킨 전족의 그녀 소림사 탑림을 몇 바퀴째 돌고 있다

어디까지 발자국은 가고 싶은 걸까

숭산의 회색 하늘 떠메고 AI의 영혼에 스미길 빌고 있나

쌓인 말들은 바람에 흩어지고 그녀의 몸짓은 당랑권이다

안개 사이를 걷는 그녀의 숨결은 야릇하게 미소 짓는 사자의 갈기다

너에게로 가는 희미한 길

혼란한 한 호흡 어지러울 때

일격을 가하는 그녀의 기합 소리

허난성의 서북이 열리고

참았던 호흡이 뜨겁게 쏟아진다

못 하는 것이 아니라 하지 않았을 뿐인 그녀의 자세가 절묘하다

솜털 하나 일으켜 단박에 너에게 가는 쿵푸의 그녀

부드러운 곡조는 절제의 미학이다

장제사裝蹄師의 꿈

신발이 닳아 미끄러질 때쯤 그는 말에게 신발을 신기기로 작정했다
화덕에 쇠를 달구고 취직이 안 되는 나라를 두들겼다

뜨거운 화로는 봄꽃 향에 꼬리를 들고 지려대는 암말의 생식기
벌어졌다 닫혔다 하는 꽃잎을 보자 격렬하게 날뛰는 씨수마였다

말보다 못한 삶의 고삐를 아무리 단단히 쥐어도
희망은 귀를 바짝 뒤집고 띠꺼운 표정이었다

갈기를 늘어뜨린 말이 힘없이 울며 그에게로 다가왔다
어디가 아픈지 마음끼리 부딪치며 알았다

말굽을 깎을 때 비로소 뒷골목의 어둠이 삭제되고 세상의 밝은 무늬가 떠올랐다

눈망울이 젖은 말에게 딱 맞는 편자를 장착할 때 그는 왠지 사람이 좋아졌다

말의 이빨에 물려 멍이 들고 살이 찢어져도 재갈은 감추어둔 채
어마어마하게 큰 무엇이 되고 싶었던 야생의 망아지 같았던 그

1초도 채 안 돼 사라져버리는 신기루마냥
단단해진 말의 가슴과 엉덩이를 흐뭇이 쓰다듬었다

너무 간절해서 긴 목으로 두 눈을 높이 매단 짐승 한 마리
제 자신보다 훨씬 멀리 내다본다는 걸 알았다

사막여우의 길

애초부터 사막여우는 혼자였어
모래사막 작은 바위에 키 작은 풀꽃이 피듯
스필버그, 뉴턴, 라플라스처럼 삶을 이어간다는 것은
매 순간마다 새로 태어나야
바다의 매립지에 우뚝 선 버즈칼리파를 만날 수 있어

당신의 경전을 야생의 언어로 읽는
두바이 하타로드 옆 아랍에미리트 샤르자 사막
마술사 아니면 사기꾼을 만나러
소금의 현을 켜며 뛰어올랐어

모래 속에 파묻혀도 귀를 쫑긋
당신의 목마름은 초록을 다 갉아먹고
수액을 우려내는 모래바람의 발자국이었어

오아시스 찾아가는 늙은 낙타의 등에 걸린 솔개그늘이
었어
반다나를 머리에 두르고 물담배를 빨아대는

쇄양꽃이었어, 날개 접은 독수리였어

곡선의 등성이로 넘어가는 신기루, 붙잡을 수 없어
양손에 횃불을 들고 쉼 없이 돌리는 벌거벗은 검은 사내였어

전갈의 독을 빨다 긴 혀로 입술을 닦고
풍만한 엉덩이와 출렁대는 젖가슴, 발리댄스에 맞춰 흔들어대는 힌두 여인이었어

모래 씹으며 히잡을 두른 채, 한없이 사막을 걷는 건
말의 정액을 먹고 돌 꽃 한 송이 피우려는 땅의 정기
귀 세운 사막여우의 울음인지도 몰라

랜드크루저 바퀴에 바람을 빼고
당신과 내가 오고 가듯이
롤러스케이트를 타고 대나무 통 속에 들어가는 거야

호모데우스*를 활주하다

요하네스버그 공항에서
손에 든 한 권의 책『호모데우스』
넘기는 페이지마다
신神이 되려는 인간의 꿈이 뜨겁다

신부가 되기 전
파란 20대에 선장의 눈에 들어
기록사가 되었다는 찰스 다윈
초원을 달리는
야생의 임팔라와 악어 등에 외로운 무늬를 새긴
생명의 신비와 자연의 갈채가 있다

지구를 한 바퀴 돌고 온 생각
과학이 철학을 불러 퍼즐 게임을 재촉한다

원시의 땅이 펼쳐진 곳
신의 뜻을 헤아려보려고 동공을 넓히다

이곳에 왜 왔냐고 물으니
심장이 북채를 들고 나를 마구 두드린다

* Homo Deus : 이스라엘 출신의 역사학자 유발 하라리의 저서.

하쿠나마타타*

남아프리카 여행 중 만난
현지인 가이드 지미
두 귀를 떼어내 머리에 붙이면
영락없이 하마 닮은
하지만 반갑다며 내미는 검은 손길
목화송이처럼 부드러웠다

여행 중 목이 아파 연달아 기침을 할 때마다
하쿠나마타타
낯선 물갈이 병으로 끙끙거릴 때에도
하쿠나마타타
짐바브웨의 검은 햇살이 빙긋이 웃는다

모국의 여왕을 흠모한 리빙스턴의 세레나데
빅토리아 폭포 소리 너머로
아슴푸레 떠오르는 무지개를 가리키며 연신
하쿠나마타타

다이아몬드처럼 반짝이던 하얀 이 드러내며
하쿠나마타타, 연발하던
그 사내의 눈빛이 가을 하늘에 아물거린다
내가 허기뚱할 때마다

* 아프리카 말로 '다 잘될 거야'라는 뜻.

순결하다는 것

'길'이란 영화를 함께 보고 난 후
비가 쏟아지는 국제극장 골목에서 우산대로 부인을 마구 후려쳤다는 김수영 시인,

아방가르드한 애인 같은 아내가 없었다면

목마른 대지가 빨아들이는 폭우가 될 수 있었을까
바람에 일어서는 풀의 기둥,
가장 자유롭게 흐르는 매혹의 구름이 되었을까

뭉게뭉게 시와 연애하는 동안
빵도 왕관도 주지 않는 애첩은
지난한 피를 찍어 꿈틀거리는 살을 도려내고 꿰매라고만 했을 것이다

순결하다는 것은
그 사람이 아픔을 숨기고 홀로 산속을 헤매다 짐승을

만나 울고 있을 때
　바위 아래 길을 내주고 창자를 전부 내주는 것이다

　그때 내어준 길은
　한 영혼이 만나는 첫, 빗방울이자
　마지막, 숨이고 싶은 것이다

내부의 달

들어갈수록 미로다

낯선 골목 신비롭게 들여다볼수록 방물장수는 다리를 건다
넘어지지 않으려 알고 싶은 만큼 목록을 호명해
별 모양 에코백 안의 달은 메신저 앱 위챗에 접속 중이다

대림동 중앙시장 부근 고시텔을 지나 조선족 교회 근처
어제 자살한 소녀는 반드시 범인을 붙잡아 달라고 유서를 남겼건만
차이나타운은 육법전서도 먹히지 않는 그야말로 대림각 훠궈루

훠궈 냄비 안에서 요동치는 뜨거운 것들은 엉킨 다리를 친친 감고
누구의 간이 될지 심장이 될지 젓가락에게 물어봐야 한다

목이버섯과 건두부가 서서히 풀어진다
건더기를 건져 먹은 훠궈는 점점 국물만 졸인다

살려고 들어온 것들이 핏줄이 되고 내장이 되려다
나가는 문을 찾지 못해 눈멀고
뚫린 데가 많지만 스스로 틀에 갇혀 뱅뱅 돌고 있다

가던 길 잠시 멈춰야 할 때가 덕목이 오는 순간이다

우릴수록 허전해 하얀 조랭이 꽃 풍덩 놓아버리자
유심 무심 달빛이 여백을 채운다

모든 내부의 입구는 별
반사성운의 그림자 찾기가 출구이자
몸 밖의 좌표로 떠오른다

목화나무를 심는 방식

드디어 해피포인트를 다운 받았어
이제 행복한 주문을 이용할 거야

티멤버십도 당당히 내밀 거야
총매출액에서 할인 금액이 찍힌 영수증도 꼭 챙길 거야

아직 단골 고객 즐겨찾기 버튼은 누르지 않았지만
내가 너를 누르면 똑같은 쿠폰을 감춘 채 사귀겠지

너의 머리카락에 내 방식을 심는 일은
한 올 한 올 시큼하게 다시 태어나기야

말이 씨가 되고 용기는 토종 효모 전통 우유식빵 부풀리기인가 봐

생은 내 관심을 막아선 길목에 오히려 목화나무 심기야
나무가 왜 내게 속삭이는지

서로가 왜 잠들지 못하는지
눈꺼풀 겨운 아침 식빵을 찢어 삼키며 꿈길 그림자에 에코백을 걸어둘 테야

목화잎은 밀밭을 지나 나무둥치에 내어줬던 네 자리를
뜨거운 아프리카노 담아 데울 거야

시간이 너무 빨리 가고 있어
그래도 느긋하게
시에라리온의 프리타운에 갈 거야
바구니에 목화 가득이면 잊었던 구름방석을 만들 거야

메아리는 사라지지 않는다

언제 왔는지
새들도 모르는 사이
산 향이 등성이를 넘어와요

지나온 것을 물고 와 초록을 옮기느라
산골과 들녘을 물들여요

골짜기마다 올망졸망 피어나는 새 촉들이
물안개에 젖어 산새들이 무지개를 읽는 오후 3시
팔베개한 바람이 저녁을 몰고 와도 잠이 안 와요

산국 홀로 무엇을 위해 심오하게 피어나는 새벽
잠시 한 몸이 된 이름 모를 짐승이 영원처럼 울어요
단풍 든 후 곧 사라질 것 같은 숲의 두 뺨에 흘러내려요

기다리지 않아도 나무 속에 이름을 새기고
왜 기대고 싶은 것은 사라지는지요

영혼의 산울림은 여기서 영 먼 곳에서 오시나요
들풀의 창가를 맴돌며 씨앗을 품고 있어요

사물에게

배시시 웃지 마

주름을 펴 보이고 싶다

감춘 것을 불러내

풀어주고

당겨주고

용솟음치는

내 속의 것이 네게 닿을 때까지

자꾸 들어가고 싶다

솟구치는

네 속의 것이 내가 될 때까지

3부

사차원의 뒤뜰

새털구름이 이불을 펴다

시간이 없다

여자는 상징을 말하고
남자는 죽고 싶다고 행동을 말한다

보헤미안 랩소디를 듣는 동안
솔기를 누비던 여자의 손은 퀼트 속에 내일을 넣고
남자가 총을 사러 가는 사이
비바람 불고 흰 구름은 흘러갔다

남자가 방아쇠를 당기고 여자는 아들을 낳았다

엄마는 아무에게도 말하지 않았던 속주머니를 털어
그 아들에게 리차드밀 시계를 채워주었다

얘야, 시간이 없다
너만의 무늬를 다져라

간절한 사람은 전설이 될 거야

사랑은 읽는 것이 아니라
추억이 절규하는 거다

너의 울부짖음은 사는 것과 죽는 것 사이
끝이 아니라고 노래하는 거다

시각時刻의 입김 멈추기 전
너만의 색을 덮고
초침 소리 들어봐

숲이 낳은 숨

맨몸을 비벼 만든 아이가 귀를 앓고 하염없이 울었다

숲은 미어지는 눈물을 흙에 섞어 강아지나 토끼를 빚고
아이의 영혼 대신 구슬을 불길 속으로 던졌다

더 이상의 슬픔은 숲을 지나 강으로 흘러갔다

돌니베스토니체의 사람들도 배고픔이 해결되면
서로의 눈동자 속에서 아름다움을 찾았다

두 개로 조각난 비너스의 몸은 피를 이어가는 또 한 몸

춤추며 환호하며 새해를 밝히는 빛이 나무 속에 움트고
불씨를 마음속에 담아 생명을 일군 손길이 쉴 틈이 없었다

화덕 주위에 모여 따뜻한 말을 나누며 고된 삶을 구워

내는 사람들

전곡선사박물관 체코의 구석기시대 앞에서 응어리마저 녹였다

저토록 새까만 울음 속에서 폭죽으로 터지는 숨소리를 듣기 위해
사람들은 이 순간에도 뛰박질하는 가슴속 숲길을 가꾸고 있다

사차원의 뒤뜰

누구에게 태어나 누구를 만날까
베틀 짜는 직녀야, 정원을 노니는 여왕벌 문양 앞섶에 새겨줘

암술은 꽃봉을 두드리고 꽃봉은 꽃잎을 간 보다
더 진한 색을 공유하거나 등 돌리는 얼룩잠자리 날개 봐
소국小菊도 아릿한 바람 속으로 걸어가네

엄마 젖이 맛있네, 눈 뜨자
당신 참 멋있네, 눈멀고
별거 아니네, 눈 감는 게 인생인가 봐

대단한 것도 영원한 것도 아닌 세 가지 간間 사이에서
아, 이 맛! 그것을 만나기 위해
문과 문 사이에서 날마다
두드리는 수신 부호와의 접속이 바로 삶인가 봐

내일 당신과 무엇을 할 것인지
우리 얘기한 것이 벌써 지금이 되네
공간에 시간을 더하니 이미 사차원의 뒤뜰이네

지나온 것 지우지 않고 당신 없이 여기
다가올 내일은 기다리지 않아, 저 혼자 오고 가다
시간 중에 공간과 인간을 맛보고 혀끝이 식으면 폐간될 것이네

당신이란 압축파일을 열자 인간, 공간, 시간이 당신의 전 생애이듯

룩소르의 입방아

글쎄 여자가 왕이 되려고 배다른 오빠와 결혼했다지 뭐예요
룩소르 서쪽에 있는 왕가의 계곡 뒤편으로 와보세요

절벽을 올려다보면 거대한 신전 한 채
바로 이집트 최초 여성 파라오의 데이르 알 바하리(사자들의 신전)
지성소 안에서 제례를 관장하는 인공 수염 달린 그 당당한 여제사장이
하트셉수트, 이집트 18왕조 다섯 번째 왕이래요
요즘 여자로 치면 여걸 중에도 여걸이지요
신권 왕권 군사권까지 장악하고 다른 나라와 교역에도 활발해서 문화의 꽃은 활짝 피고
순수 혈통을 지키려 아버지 첩의 아들과 잠자리를 털썩 잡았다니
폭탄 조끼를 입고 적의 소굴로 뛰어드는 태양의 딸답지요

삶이 절벽이고 죽음이 새로운 출발이라고 증명하는 저

절벽을 깎아 만든 장제전을 보세요
죽은 자의 세상에는 부풀어 오르는 영혼이 있다고 말하는 것 같지 않나요

생 앞에 놓인 파피루스도 다 읽지 못한 채 부록이 탐나 새로운 파피루스를 뒤적이다
딸려 온 것이 주인공이 되고 당신은 늘 배경이 되어 정확한 뜻을 품고도 동의어 유사어 반의어만 중얼거리지 않았나요

신전의 기둥엔 관련어를 더듬어가는 상형문자들이 그녀에게 근육을 바치고 있네요
진짜 중요한 것은 딸려 오는 데 숨어 있다지 뭐예요
왼손은 오른쪽 가슴 위에 오른손은 왼쪽 가슴 위에 가위표를 하고 맨발을 드러낸 파라오
세상의 그 어떤 강적도 두렵지 않군요

오 나의 어머니 누트(하늘의 여신)여, 내 위로 몸을 오

롯이 펼치시어

당신 속에 있는 사라지지 않는 별들 속에 나를 받아들이소서,

내가 죽지 않도록

진실이라고 우기는 관 뚜껑을 부디 열지 말아요

사람은 위로받고 싶어 인간 닮은 신을 만들고 신점을 치나 봐요

죽음 이후 신화로 남고 싶어 피를 섞고

종내는 그 피에 돌을 갈아 불가사의를 쌓아 올려요

룩소르의 하트셉수트는 부활을 기다려요

영생의 살점 돌들의 입심에 욱여넣고

쩍쩍 갈라진 채석장 입꼬리를 줍는 당신

돌에 돌을 문지르자

시침 중인 모래바람이 고개를 끄덕이며 나일강을 따라가요

생각한다

꽃 피는 살구나무 아래서 아버지를 기다린다

사 오신 별사탕을 조롱조롱 달아매 밤엔 알록달록 별을 띄워

친구들 모아 따 먹게 할 거야

미친 아버지의 여자가 종종 오는 길 물 뿌려 미끄러트려야지

예측은 맞아떨어져 부러진 다리 절며 도망가면 좋겠다

다시는 허튼짓 않고 고요히 사라졌으면 더 좋겠다

나는 우리 엄마 영원한 애인별이니까

아귀도 예술을 한다

속까지 물컹하진 않아

찬물에 내 굶주림을 아무리 씻어도
떼어낼 수 없는 양턱의 날카로운 이, 밑바닥에 엎드려 있는 동안 더 크고 강해졌어

건져 올린 나를 못생겼다고 뱃놈이 텀벙 바닷속에 다시 던졌을 때
내 이름은 물텀벙이 되었어

몸은 점점 넓적해지고 머리 폭만 넓어져 입이 유난히 더 커졌어
병어, 새우, 오징어, 도미라는 펄떡거리는 말들을 행간에 앉히고
텀벙텀벙 헤엄치며 날마다 한 마리씩 잡아먹었어

아가미를 뻐끔거리며 밤마다 물고기자리를 찾아갔지만,

말의 형벌은 낫지 않았어
계율을 깨는 건 악업이라고 선창가 사람들은
내 푸른 꿈에 회색 옷을 입히고 온몸에 검은 방점을 흩뿌려 놓았어

더 이상 멋진 생각을 하지 못하게 내 머리를 납작하게 했어
날씬하던 꼬리마저 좁아지고 짧아졌어
화씨와 섭씨의 차이를 공식만 외우다 폭염을 참아내는 방법도 잊었어

부푼 머리통이 분수에 제대로 집중하지 못해 뒤엉킨 수학 시간이면
분수를 지키지 못한 말의 허기가 다시 밀려왔어

껌벅이던 커서가 혀 밑에서 일심동체가 되면 손아귀가 맞아떨어져

절로 탄성이 쏟아질 때까지 거꾸로 매달려 찜이 되거나 포가 되어
담백한 최초의 내 마음을 시원하게 증명해야 했어

물컹물컹한 껍질은 씹을수록 서러움에 졸아들었다 희망으로
부푼 간처럼 천하일품이 되었어
갈비뼈를 녹여 만든 물컹물컹한 영혼의 뼈는 너무 외로워서
비늘조차 먼 바다로 보내버렸어
그들은 너무 미끄럽다고 수군댔어

울퉁불퉁 뭍으로 올라온 글썽거리는 살 속에 무엇이 숨었는지
다 아는 개념 파악 따윈 이제 절대 말하지 않겠어

못생긴 수염이 피아노를 치면 더 우아하게 알아지는 세상

열불 날 땐 꽤나 매운 척
나의 눈짓 살짓에 반한 척
무, 파와 함께 콩나물을 뒤집어쓰고 너도 뜨거운 불 위에 앉아봐

무침이 당겨도 냉큼 먹을 수 없어
빈속을 채우기보다 더불어 맛보기가 더 오래간대

목마른 큐브를 맞추며 입안에서 양념 없는 너만의 살과 뼈를 자꾸 굴려봐
촉촉한 쟁반 위에 버릴 것 하나 없는 말만 삼키는 진짜 아귀가 오고 있어

내가 여태껏 큰 입과 뾰족한 이로 왜 묵언 중이었는지
그 답을 너에게 내가 아닌 너로 들려줄게
정말 묘한 맛이야, 그게 예술이야

그대라는 판타지

단 한 번의 키스로 나 마술에 걸렸나 봐

낮별 뜨겁다 돌연 캄캄한 소낙비 쏟아지는 낯선 지붕 아래 잠시 서 있을 때
문득, 떠오른 당신의 검은 눈동자 깊숙이 빨려 들어가 꿈꾸는걸

삶은 안개 속에 숨은 그림 찾아가기
알 수 없는 내일이 나를 기다리나 봐

당신이라는 꿈이 나의 무릎을 일으켜 세운 날
배롱나무에 걸린 비행기와 연둣빛 스웨터에 꽂힌 열쇠가 아테나 신의 품에서 별밭으로 날아오르지

마지막에 미소 지을 수 있게

진심은 아름다운 걸 노래하며 재즈와 밴드 속에 일인극

의 대사와 나의 아픈 시 한 구절을 읊고, 그리고 당신의 농담에 얹혀 라라랜드*로 가지

꿈의 바퀴는 실존의 두려움 넘어 내 손을 잡아주고 나를 일으킨 사랑

당신은 상처받은 누군가를 위하여 오늘도 아름다운걸

아스가르드 게임을 할 때 마법사의 주력 스탯 INT는

성직자의 주력 스탯 WIS를 훔치기도 하지

바라지 말고 원망 말고 꿈속인 줄, 청정한 씨앗 뿌려 고요히 생각하는 무경계인걸

저글링 묘기를 넋 놓고 보는데 왜! 젓멍울이 핑그르르 도는지 지금의 연결 고리로 태어나는 당신은 알지

* 영화 제목 LA LA LAND. 할리우드가 있는 로스앤젤레스 특유의 라이프 스타일을 이야기할 때 쓰는 LA의 별명.

너의 즐거운 고백

사람들이 내게 올 때는 좋은 일이 있을 거라고 브이를 그리죠
아바나에서 20여 분 자동차를 타고 쿠바의 리듬을 고갯짓하며 오죠

나의 풍만한 유방과 보컬 멤버들의 흥을 돋우는 엉덩이는 평화의 악기죠
아주 자유분방하게 사회주의와 자본주의를 오가며 신나게 흔드는 영혼의 밴드죠

내 이름은 다이메 아로세나
재즈에 몸을 담고
또 다른 정신을 울리는 누에바 에라Nueva Era를 부르죠

나는 늘 가난했지만 고통을 껴안고 빨리 녹이죠
당신이 최고의 디바가 될 거라고 말해줘서
마을 어귀를 날아다니는 잠자리, 바람에 춤추는 보라

꽃 넝쿨

내 가슴에 들어온 날 음표가 살아났죠

체 게바라보다는 청바지를 입고 혁명보다는 낭만을 엄지척으로 치켜세우고 싶었죠

우리 가족은 늘 고정관념을 깼죠

생일 파티가 따로 없었죠

엄마와 할머니는 콩가 리듬을, 아버지는 루이 벨슨의 드럼을 흉내 냈죠

쿠바의 가수가 되고 세계의 스타가 되라고

삼촌이 길거리에서 퍼커션을 연주해 모은 컵cup으로 나의 청바지를 사 왔죠

룸바와 소울이 재즈를 입고 식구들 팔과 다리 어깨와 목에서 나왔죠

우리 집 양동이와 빗자루가 춤을 췄죠

나의 노래는 원망 대신 울부짖음을 당신이 있어 함께

녹이는 고통이죠

배고픔도 빼앗아 가지 못하는 노래, 잠 속에서 흥얼대다 휘트니 휴스턴을 만났죠
천상의 머리띠를 두르기 전까지 절대 사랑을 잃지 말라고 나의 우상은 말했죠
소중한 사람들이 바로 음악의 환상적인 콜라보라고 내게 속삭였죠

그 이명으로 아바나의 혁명광장 호세마르티 기념관 앞에서, 탑 앞에서도 노래했죠
쿠바 독립의 아버지는 상처 입은 영혼들을 위해 관타나메라를 만든 시인이죠
관타나모의 아가씨는 남쪽이든 북쪽이든 나의 노래가 필요한 곳이면 달려가죠
연둣빛 삶이 불타는 진홍색이 되다 때론 폭우에 잠기기 때문이죠

나를 가르친 고향을 떠올리면 이념 따윈 사라지고 젖은 옷을 뽀송뽀송하게
구름바람에 날리며 당신께 달려가죠

병원 침대에 누워서 사랑하는 사람을 부르면 늦어버리죠
죽기 전에 하고 싶은 말 당신과 나의 무대 위에 있죠

나는 관타나모의 아가씨, 당신의 굳은 심장을 다시 뛰게 하죠
내 속에서 뭉클뭉클 샘솟는 보컬리스트는
조국을 위해 목숨을 바친 사람들과 미래를 쓰다듬던 종려나무 숲 새끼 사슴
나를 믿어준 사람들을 위해 콩가 리듬을 깨고 나오죠

대밭 속으로 간 귀

비밀을 담아놓지 못하는 그 사람 만취하면 그냥 쏟아버리지
쏟아놓은 취기가 내 머리에 입력되지

그 사람 고민하는 카톡 뜰 때,
"그렇게 하면 안 돼요" 했을 뿐인데
자기 사정 어찌 그리 샅샅이 아느냐 깜짝 놀라지

그동안 들은 바대로 나름 고심하다 잘되시라 해준 말인데
"뒷조사라도 했나!" 이 바쁜 세상에 자기에게만 특별한 관심을 가졌나
갸우뚱거리지

진정한 경청은 그 사람의 자서전 읽기
관계를 부드럽게 이어주는 디딤돌이지

어쩔 수 없이 다시 또 만나게 되고 술이 낀다면 탁자에 잔이 오기 전

나는 보라색 모자를 뒤집어써야지

미다스가 아폴론을 분노케 해 길어진 귀
감추려 썼던 그 모자 쓰고 그의 말 다 들어주고
돌아오는 길 흙이 보이면 어디든 두 손으로 구덩이를 파
하하, 호호, 낄낄, 쉬잇! 조용히 묻어버려야지

그가 취하면 분명 말짱한 내가 혼자 간직하기 어마어마한 비밀을 말할 것만 같아
아휴, 저런, 어쩜, 너무해! 발설하지 않으려 혀를 말아 올려도 자꾸 입이 가려워
참을 수 없을 때

내 귀가 점점 길어지는 게 아닐까 만져보다
도림사 절 뒤꼍 대밭 속으로 느릿느릿 가야지
임금님 귀는 당나귀 귀, 대나무 향해 경문왕의 복두장이처럼 외쳐야지

잠베지강을 건너는 모녀

남쪽으로 내려올수록 앞서 걷는 탄력 있는 애플힙은 어릴 적 자주 매달려 있던 꿈속의 코끼리 등짝 같아

좌우로 흔들리는 엉덩이는 빨아도 허기지던 엄마 젖, 막 배운 안녕을 사보나! 하고 부르면 꿈 깨듯 돌아보는 검은 여인이 여기는 현생이라고 몸보다 더 크게 웃어

인천에서 홍콩, 홍콩에서 요하네스버그, 다시 버스로 국경을 통과, 지칠 때쯤 짐바브웨에 도착했어 곧 보츠와나로 마침내 사륜구동 드라이브로 사파리로 들어섰지

초베 국립공원에는 네 친구 사자가 버스 앞을 가로질러 갔어 빅토리아 폭포의 무지개보다 또렷한 행운이 뜀박질했지

숲 속엔 멋진 뿔이 달린 수놈 임팔라와 털이 달린 암컷이 번식에 열중하고 날렵하고 매끈한 몸매를 자랑하는 크뉴가 마른 나무와 녹색의 잎가지 사이에서 유토피아로 뛰놀았어 버펄로, 코뿔소가 초원의 풀을 뜯는 사이 물새는 못다 한 내 꿈을 펼치며 막 날아올랐어

하마와 악어가 늪지에 나의 게으름을 뭉개며 누웠는데 큰 입을 쫘악 벌릴 때 금방이라도 또 다른 세상 어딘가로 빨려 들어갈 것만 같았어 지구 반대편에서 온 손님을 오래 기다린 하품으로 맞이하는 억만 겁의 바람이 내 이마를 치고 갔어

너는 가장답게 식구들을 이끌고 강가에서 적을 살피는 것을 잊지 않았어 한창 물장구에 재미를 붙인 막내가 또 잠베지강에 뛰어들자 너는 불은 젖을 덜렁거리며 어슬렁 어슬렁 그 뒤를 따라갔어

사보나! 하고 손을 흔들어도 못 들은 척 아프리카, 네 땅을 닮은 두 귀, 부채질하듯 뚜벅뚜벅 네 길만 걸어갔어 그래도 나와 사진 찍을 시간은 허락하겠지? 진화의 주름에 가려진 네 눈과 마주치는 순간, 우리들의 전생이 저장된 네 살결 다시 만지고 싶어 이 먼 길 찾아왔나 봐 어릴 적 꿈꾸던 천사와 버리지 못하는 나의 욕심까지 다 지고 가는 엄마를 본 것도 같았어

어느 달인

공을 가지고 노는 남자를 동영상으로 보았다

눈 맞은 두 마음 놓칠세라 가슴과 가슴이 뒹굴었다
등과 등으로 부드럽게 말아 올리는 그의 혀, 온몸이 공의 세포다

목덜미에서 어깨로, 허벅지에서 발가락으로
숨 가쁘게 호흡을 굴리는 그는,

낮은 숨소리로 그녀의 냄새를 껴안은 채 잠들었다
그의 손끝에서 그녀는 모든 각을 최초의 둥글어짐으로 되돌렸다

가두어두었던 원시의 궁금함이 풀리듯
공 속에 잠자는 진실을 그녀에게 바치자 텅, 텅, 텅 울렸던 절망

벼랑을 짚어주는 둥근 바람으로
들장미 가시를 삼키고 그의 등이 검붉게 떠올랐다

눈시울 소름 돋는
갔다가 되돌아오는 관계의 정석을 그는 날마다 공 위에
서 펼쳤다

고령가야 트레킹

불두화를 피우러 고령에 왔다

여린 봄 햇살을 머리에 이고 순장 묘를 따라 갔더니
누천년 잠긴 우툴두툴한 자물쇠에 낀 쇳녹,
그녀의 옥문은 적신 능을 디디고 황홀한 순간이 모로 누웠다

열자리 뽀얀 속살 켜는 가야금 열두 현이
잊었던 옛사랑을 부른다

어느 왕녀 옆에서 채 썩지 않은 사내가 벌떡 일어나 눈 맞춤한다
순진무구한 그의 눈빛에 누천년이 지난 터라
밤마다 2019년의 귀를 열고 잠들었겠다

불두화 송이마다 뭉클뭉클 가슴이 뛴다
벌 나비 찾지 마라, 제행무상諸行無常인 것을

기러기발 받쳐놓고 오동나무 아래서
사무치는 노랫소리 뼛속까지 스며들어
그늘진 나이테가 환해지겠다

언젠가 새로운 길이 시작된다는 걸, 흥얼대며 따라 불렀다

펭귄이 단풍 든 날

붉디붉은 단풍나무가 나를 덮치는 순간
뭉클, 다시 겨울 생리가 터졌다

눈 마주치면 넘어오지 마,
금 그어놓은 길 위에서 내가 미끄러졌다

볼더스 비치에도 없던 당신
펭귄이 뒤뚱뒤뚱 내 안에서 걸어 다녔다

나를 빨아들인 단풍잎 혀
나무둥치를 향해 등을 보이며 걸어갔다

짧은 다리로 통증을 누르는 11월
짐이 되지 않으려 떨켜를 만드는 순정, 바람에 몸을 떨고

멈추어버린 엽록체로 갈 수 없는 저쪽
당신에게로 와서 짙어지고 산화되려나

펭귄이 바닷속으로 혼자 걸어간 것처럼
마지막까지 당신 생각에 가야만 할 듯 매달린 단풍 한 잎

구름의 스타일

다뉴브강 선착장을 가려고 부다페스트에서 지하철을 탔다
유럽에서 제일 처음 만들어진 북적대는 고물 전철 속에서
치켜든 나의 셀카봉은 구름의 감독인 양 파고든다
작은 동양 여자의 나이를 가늠해보는
파리에서 온 지긋한 남자 옆자리에 앉아 삐거덕거리는 언어끼리 달린다
강물도 멋쩍을 때마다 웃음을 터뜨리고 불빛을 일렁이며 배 타러 간다

화려한 야경 같은 꿈, 누구에게나 있었고 지금 이 순간 그 뼈는 살아 있다
헝가리 오스트리아 제국의 후손들은
우리보다 70여 년 전에 지하철이라는 달리는 뼈를 만들어
낡은 것도 자랑하며 지구인을 불러들이다
삭은 뼈에 내일이 미리 시들어버리지는 않을지 뱃머리는 꽁무니를 돌린다

주저앉기 전에 인공관절을 끼우고 싱싱한 장기를 예약해야 할
크루즈 호랑이의 발톱은 구름을 뭉개 검은 바다의 물살을 가른다
미래라는 물안개 조타실 창유리에 구름의 뼈가 살아 꿈틀대고
하늘빛 한복을 입은 물무늬 강 위로 떠올라 건너의 어둠을 삼킨다

길다는 것

반려자가 없다고 경로당에도 안 가는 윗집 독거노인
사랑은 꽁초 줍기가 아니어서
한가한 농촌에서 비닐 걷기가 아니어서
혼자라도 날마다 바쁘다

먼저 간 그녀가 보고 싶을 땐 낡은 청소기를 윙윙 돌리고
악보 없는 행진곡을 들으며 낡은 차를 몰고 나간다
낡은 맛집의 생강절임을 물고 생, 생, 가늘고 긴 바람을 가른다
얼얼한 먹구름과 터키 행진곡을 한쪽씩 귀에 꽂고 낡은 앙카라로 날아간다

남아 있다는 것은 울 시간도 없이
그녀가 좋아하던 방탄소년단의 태극기를 펼치는 일이다
살아 있다는 것은
그녀가 오라고 할 때까지 멈추지 못하는 행진이다

길다는 것은 뜨거운 햇볕 커플이
내다 넌 이불의 외톨이 냄새를 둘둘 말아
햇살 공원의 미끄럼틀에서 아이들이 줄줄이 오르내리는 거다
대명천지에 자신을 매달아 한로를 보내고 상강을 맞이하는 일이다

갈비뼈 한쪽으로 밤낮이
죽지도 못하게 길다는 것은
햇빛과 그늘이 나란히 와서 수레국화의 발목을 재고
처음 보는 청보랏빛 가을 원피스를 입히는 일이다

굵고 짧은 노을이 긴 그림자의 등을 미는 고장 난 오후 4시
시계 수리공이 독거노인의 식탁에 마법의 요리를 준비 중이다

베니스에서 마르코 폴로를 만나다

타클라마칸 사막에 모래바람 불 때 내 전생은
장사꾼 아버지를 따라 뱃길 이어 실크로드 걸었을까

게르와 소금빵 앞에 참말은 오직 방패라며
사마귀놀이와 매사냥에 열중하던 궁수, 아니면
알렉산더 대왕의 용맹함을 예견한 점성술가였을까

몽골이 지배한 원나라 전족의 신비를 들여다보고
쿠빌라이 칸에게 발이 가장 작은 여자 하나 달라고 했을까

내 몸에 새기던 별자리 날아오르던 독수리도
물의 나라로 돌아오는 까닭은
잡으려 해도 결코 잡히지 않는
바람과 티끌의 물 같은 사람 만나기 위해서일까

베니스를 떠나 또 다른 사유의 사막을 건넜던
너는 곤돌라 위에서 칸초네로 출렁인다

4부

뀀뀀 향이 나네요, 당신

봄이 길었으면 좋겠다

마음은 더 뜨거워지고 몸은 장춘으로 돌아 돌아서 간 백두산
1,442계단을 조심조심 올라가는데
'등상장백산일생평안登上長白山一生平安'이라 새긴 나무 팻말 덕에
하루 2만 명의 바람과 바람이 오르는 백두산, 내게 어깨 걸이를 한다

천지는 심금을 당겨 단전을 다스린다, 복주머니를 채워 준다
단 하루 수익이 30억이라는 석 달 장사에 가마꾼의 등은 땀 마를 틈 없다

너는 내 거야, 숨 차오를 때 오히려 한 걸음 더 내딛는다

잠 깨자마자 보고픈 구름국화, 눈 속에 파묻히기 싫어
해발 2,470미터, 열 듯 말 듯 안개는 옥문을 따고

백화난만 직진의 하늘매발톱 야생화도 살아 용솟음친다

망상을 걷어내면 서로의 눈자위 청순하다
조선앵속 펄럭이는 백두 벌판, 천산이 여기다

백두산록 저 너머 고구려와 발해의 옛 땅 북간도에 살아 숨 쉬는 겨레의 혼
젖줄을 따라 구름과 바람은 동쪽 언덕을 넘고 서파를 넘는다
옥황상제도 긋지 않은 선 하나 하늘이 지우는 날, 네 눈썹에 참았던 등짐 쏟는 날
8천만 합창 만물의 나팔관에 똘똘한 봄노래 심는다

통일아이 천지가 스마트폰을 달군다

꿴꿴 향이 나네요, 당신

산다는 거 이거이 눈물보다 땀이 먼저라야 굳세게 살 수 있어
굶어 죽기 싫어 도문까지만 가면 내 살을 꿰어서라도 살아보려고
꽝꽝 언 두만강에 전력을 다해 내 사지를 밀었소

북쪽에서는 당원이 못되면 나 같은 놈은 더 괴로웠소
교묘하게 사람 속을 뒤집어놓고 꼬치 꿰듯 감시했소
피는 못 속이는지 그대로는 살 수 없어 말리는 아내를 두고
초소의 감시병에게 피와 땀으로 평생 모은 돈을 거의 다 주고 도문으로 탈출했소

일자리를 구하러 다니다 보면 연변 일대엔 나보다 먼저 온 여인들이 많았소
중국 남자에게 팔려 다니던 어느 여자를 우연히 구해줬소
그 여자와 연길까지 와서 아이를 낳고 살았소

저거이 곱게 꿰어놓으니 그렇지 고드름 매달리듯 내 피고름 갈아 만든 꼬치요

아무도 없는 조용한 밤

가슴에 천둥 번개 재우며 오만 잡생각을 꼬치 꼬치 꿰노라면

북쪽에서의 억울한 탄광살이에도 끝까지 나를 따라나서지 않던 여편네가

거기서는 평안하냐고 귀신처럼 옆에 와서 말을 걸지 않갔소

나도 모르게 울컥해 꼬치를 곁으로 꿰아버렸소

도망간 두 번째 마누라에 대한 살 떨리던 분노도

목단강 옥수수밭 지나 길림성 성도에 들어

교화시 길림시를 떠돌다 연길 랭면을 빚을 즈음 만났던 아련한 그리움으로 꿰았소

집 대출비와 아이 교육을 위해 부부가 월 4백 이상 벌어야만 하는데

랭면 장사도 시들해져 어느새 또 빈털터리가 되았소

맞벌이하며 사계절에 한 번씩밖에 얼굴을 못 보는데도 만나면 싸우기 바빴소

불 싸지르고 싶은 화가 연길에 가득해

그러잖아도 화령 길림 도문의 조선족과 탈북민들은

한족과 날마다 세력 다툼으로 울분을 터뜨리는데

북쪽에 굴복할 수 없는 내 사상이 남한을 다녀와서 연길의 뜨내기가 되았소

내 핏덩이만은 배불리 먹이고 대학도 보내려고

남한 가서 모은 기술 봉급으로 상해에 집을 먼저 사고 아이를 유학시켜 한 인물 키워보려 했던 애비의 포부 때문에 또 남한으로 가고 말았소

내가 남한에서 최고 수상한 건 좋은 우리말과 글을 두고

영어와 외래어를 와 그리 많이 쓰는지 참 많이 궁금했소

그 궁금증을 상냥하게 가르쳐주던 여선생과 정들 때쯤 연길의 두 번째 여편네도 힘들고 외로웠는지 그만 바람이 나서 도망갔소

아이를 찾아 다시 연길로 왔소

북쪽도 남쪽도 연길조차 내 사랑은 가시철망이오

내가 살아온 땀과 눈물을 우리의 역사인 양 꿰고 싶어 간판을 그리 달았소

아니 남한엔 우리말과 글이 제대로 대접받지 못하고 점점 이상하게 변해가고 있는 데 대한 내 조국 사랑 뚝심을 걸어보았소

지금은 엄청 살기 좋아졌지만 집값은 천정부지로 오르고

송홧가루 은은한 내 펨펨 향은 북쪽에 남은 얼굴과 남쪽 여자를 당기는 정맥이오

아버지의 아버지 그 아버지의 아버지 적부터

오랑캐 왜놈 미제에게 굽히면서도 살아남았던

꺾일 듯 휘어진 강물이 터득한 핏줄에서 나만이 아는 뜨내기의 냄새가 있소

삼꽃거리 북의 '금분 쩸쩸 향'을 찾아온 당신은 무엇을 꿰고 싶어 왔소

여기에 마음잡고 정착하려고 내 울음 깎아 대나무 꼬치에 꿰고 또 꿰고 있소

당신 내력에도 그런 냄새 있어 나를 찾는 것 아이갔소

꼬치꼬치 캐묻지 마시고 죽여주는 양꼬치에 칭따오 맥주 한잔하시라우

묘하게 고소한 향 속에 내도 들고 당신도 들었다우

내 검붉은 심장을 가라앉힐 그 담배나 날래 한 가치 주시라요

사는 게 독하게 쓴맛인데 사람들은 와 이리 금분 송홧

가루 같은 꿈만 꾸는 거요

꿈속의 통신이 밥 멕여주는 세상 아이요, 그 손 장난감 꼭 챙겨 가기요

당신 대의大義가 보이스피싱이니 해킹이니 아이 당하게 보안 단단히 하기요

까딱 잘못하다간 유랑 생활 면치 못하는 게 우리네 인생이라우

바위에서 바늘을 뽑아내고 대숲에서 봉황이 날아오르게 꿰고 또 꿰아보오

접경지대

도문시에서 뗏목을 타고 두만강 위에서 이북을 바라보았다
도망강이라 불릴 만큼 썰매 지치듯 탈출하기 좋은 강가엔
부러진 뼈가 잘 붙는다는 딱총나무 열매가 빨간 눈물 매달고
천만 이산가족의 아픔을 햇살에 말리고 있다

가지를 꺾으면 나는 딱총 소리가 혈육을 꺾는 피 마르는 소리만 할까
남북의 부러진 팔다리 다시 이어보라고 강물에 기별을 띄운다
가깝고도 먼 나도개미자리 하얀 꽃 뿌리에서 해가 빙빙 돌면
낮달이 바퀴를 굴린다
캄캄한 밤까지 숨은 별이 사정거리 밖에서 바위를 흔들고
초소의 감시병이 총알을 장전하자
멈춰 선 기차가 가만히 시동을 건다

두만강을 건너기 위해 지렛대는 필요 없다
온몸에 날 선 노 그거 하나면 된다

살 구멍마다 소리를 흡입하고
총알보다 날래게 얼음 위에서 몸을 날려야 사는
짐승의 갈퀴를 날마다 벼리고 벼리다
자신을 껴안은 침낭 속 현재가 벌떡 깰 때가 구원이다

탈출한다는 건
북녘의 남양시 안방에서 포켓몬을 숨어 즐기듯이
옛날 팥빙수를 인디 록밴드 맛으로 음미하는 거다
막무가내 딕펑스의 비바 청춘을 내뿜고 달려가는 거다

다른 세계로의 뜀박질은 정들어 수긋한 관계에 대한 폭력일까 민폐일까
아니면 또 다른 사랑일까

붉은 지붕 위에 돋아난 떡박질 꽃은 사유를 만날 때까지 시들지 않는다
조선 선비 홍양호가 심은 접경지대 버드나무는 온갖 모함에도 통일을 기다린다
휘어져 차디찬 강물에 몸 담그고 적의 공격을 막아낼 태세다

풍해와 홍수를 다스리고 땔감을 쌓아주던 멀리 내다보기는
예맥 고구려 발해 적부터 여기 살던 청가시고기와 자그사니의 그리운 눈망울이다
마르지 않을 천지의 물속에서 언젠가 만난다, 머지않아 만난다 주문을 걸며
두만강으로 흘러 흘러간다

표류한다는 것

천지 물 흘러내리는 송강하의 강물에서 래프팅 하기는 시간 여행
현재를 안고 앞으로 나아가기이다

중국인들이 '표류漂流'라 써놓은 출발 지점에서 찌그러진 양푼을 하나씩 준다
그 양푼으로 서로 물 폭탄을 주고받으며 소란스런 중국인들 때문에
우리 보트에도 물이 휘청휘청 날아왔다
그만하라고 소리 질러도 더 낄낄거린다
요것들 봐라, 옛날부터 만만하게 보더니 나도 한 양푼 날려버렸다
그제서야 잔잔히 강가의 미루나무를 본다
경계 없이 어디든 날아다니다 마중 나온 물총새가 반긴다

정적도 잠시 쿵 바위에 부딪힌다, 차디찬 물이 발을 적신다

더 추워지기 전에 부지런히 당한 것을 펴내야 한다
휘어진 미루나무 가지가 부러진 과거를 삼키고 느리게 웃으며 물길 따라 나아간다
현재를 지키는 물 위의 나무들 생존법은 뚫어지고 처박히고 기묘한 모습 그대로
떳떳하게 살아남는 거다

거칠고 구부러진 나뭇가지로 노 저어 가다 보면 맑은 바람 다사로운 햇살
모두 내 것이다, 오직 다가올 앞이 궁금해진다
앞에서 웃다 뒤에서 제치려 드는 따라붙기 방주가 감춘 발톱도 이제는 보인다

강바닥의 큰 돌에 부딪혀 막대기로 얕은 강바닥을 끙끙대며 다시 밀어
제대로 물살 위에 올려놓기까지
용쓰지 않아도 부드럽게 떠내려가는 삶을 천지의 물처

럼 진작 알았다면

진물이 나도록 참았던 울분을 끊임없이 내보내려 발버둥 치며 당하지 않았을 텐데

둥둥 떠 있기만 해도 흘러가는 것이 생이라고 능청스럽게 안개론을 펼칠 텐데

급류를 타고 떨어지기 전까지는 모른다

먼저 가도 뒤에 처져도 누구나 맴돌다 불을 인 소용돌이를 만난다는 것

회오리 속에 감기면서 알게 된다

온몸이 나사를 조이고 동맥이 터질 듯 버틴다는 것

사람아, 만물의 출발점 표식을 뛰어넘어 목표물을 건너가라는 것이다

자연아, 죽을힘을 다해 강줄기를 타는 게 천자天子 로봇 속 인간의 심장이다

동지同志라는 말

연길에서 용정을 달릴 때 만주 벌판 안쪽의 일송정이 총성을 날렸지

시진핑이 다녀간 이 마을에 쌀값이 천정부지로 치솟는 이유는
누가 나를 찾느냐에 사람들은 목을 매기 때문이지

네가 무엇을 찾아가는지
우물 밑바닥까지 닿아보지 못한 두레박이 더 요란하기 때문이지

시를 쓰기 시작할 때 시인에게 동지라 호명하던 이
밀서를 허리춤에 차고 해란강을 건너갔지

동지라고 부를 때
해와 달이 어둠을 밀어 용드레우물에 별밥 가득했지

막막하던 우리의 그날
푸르고 깊은 언어를 건져 올리려
동지! 살아서 다시 만납시다
눈으로 말하고 비장의 입꼬리를 올렸지

결의를 다지던 곳, 일송정에 모였던 의인들 다 어디로 갔을까
웅숭깊은 샘물이 말랐다고 그 말이 짚북데기와 흙투성이로 닫힌 우물이 되었을까

시를 쓴다는 것은 독립운동을 하는 것과 같지
수천 번 도망가다 차디찬 우물물을 마시고 수만 번 마음을 고쳐먹지

밀봉된 말의 고난이 살을 떨며 소름을 눕힐 때 더 살아나는 통증
한 문장 건져 올릴 찰나 만세를 부르지

자아의 감옥에서 쇠창살을 뚫는 자존감
시인의 전생은 독립군이지

한 글자 한 글자 생의 내력이 눈물겨운
붉은 간판 위 확실한 한글이 먼 세기를 길어 올리지

너를 일으킨 인스타그램의 알 수 없는 동지
드론을 타고 만주 벌판 다시 달려가는 사물 인터넷에
접속 중이지

그에게서 탄 냄새가 났다

뜨거운 불길 속으로 주저 없이 뛰어드는 소방관이 되고 싶었다, 던
그는 불타는 울음이었다 산 너머 꿈이 산불로 그를 부를 때
불거진 목젖은 잔잔한 궤를 바람의 방향 쪽으로 거세게 몰고 갔다

소방 호스에 톱과 도끼, 불을 붙이는 토치를 챙겨 산을 올랐다
골칫덩어리 가족을 먹여 살리려면 사고가 생긴 반대 방향으로 달려가
불씨를 베어버리고 요새를 파야만 했다

주변의 나무들을 자르지 않아 화마가 통째로 그를 덮치자
그을음에 맞불을 놓아 산속에 숨어 있는 뱀의 혓바닥마저 구워버렸다

불같은 사고뭉치들이 그를 삼킬 듯 곤혹하게 할 때마다
불은 오히려 그에게 삶의 방어선이 되었다

주체할 수 없는 정념에 싸인 불꽃은 건너편 강이 범람하자 더욱 미친 듯 타올랐다
연기와 폭발음 뒤에야 재와 빗물로 얼룩진 탈출구가 희미하게 보였다

순식간에 안전막 속으로 대피하는 건 또 다른 사투와 희생을 위해
아우성을 뒤로하고 스스로 경계선을 구축하는 일이었다

여자가 잡고 있던 뼈만 남은 양산을 펼치자 탄 냄새에 그의 코끝이 찡했다
숨통을 조이며 안고 나온 아기가 숨졌을 때 그는 다시는 사랑을 잃고 싶지 않았다

탄 자국이 만연한 방화복과 그의 숨결을 나누어준 호스를 세척하고
산그늘에 누워 애환의 직업과 미래를 점쳐보았다

희미한 낮달이 목숨 걸고 태양의 입속으로 구름의 살을 떼어 넣었다
누구를 위해 그 무엇을 해준다는 건 바로 나를 태우는 일이다

회화나무에 걸린 사도思悼

미세먼지 위험 경보 뜨는 날
창경궁 들어서니 선인문 앞 회화나무가 중얼대네
너를 생각하고 그리워한다는 것은
명예와 권력의 모자를 쓰는 것보다 힘들지

장희빈이 쫓겨 가던 날, 황사바람이 치마폭을 찢고 사약을 들이켰지
눈앞이 흐려 나는 팔다리를 휘휘 내저었지
연산군이 복수의 피 마당 펼치며 칼날 휘두르는 굿거리도 다 보았지
못 박힌 뒤주 속의 사도세자, 폭염에 몸부림치며 피 끓는 소리
지금도 바람 부는 날 내 온몸이 흔들리지

믿음이 의심이 되고 쫓기다 죽일지 모르니
한 그루 나무 되려면 작고 아담하고 탄탄하게
해가 떠오르는 동쪽 기운을 받으려

하늘을 읽고
우주에 기원하고 배우며 관찰해야지
그 마음 변절하지 않으려 날마다 간구의 손을 내밀어야지

권좌에 앉는 것은 이름을 얻는 것보다 너를 먼저 태우는 일
싹이 돋고 잎이 무성하기 전에 피눈물을 생각하고 또 생각해야 할 일이지

대신할 수 있어

누구를 대신해 속을 적셔본 적 있었어

나는 씨앗호떡 씹으며 너의 연애편지를 대신 썼고
너는 이벤트의 여왕인 양 아기들을 쑥쑥 낳았어

광해는 선조를 대신해서
대립군 토우는 병사를 대신해서 왜놈들과 싸웠어

자궁을 빌려주는 대리모는 열 달 동안
총알을 품고 비둘기를 날려야 했어

누군가의 목숨을 대신해 전쟁터에서 싸우는 건
고픈 배를 움켜쥐고 날아가는 새에게 주사위를 던져보는 거였어

적통 아닌 적자가 왕위에 오르려면
신하가 주군을 우러러 지키듯 하나뿐인 전 생애를 걸어

야 했어

앞산 해찬솔, 쓸쓸한 찰나마다 바람으로 내게 맴도는 건
그 누구도 대신할 수 없는 나의 꿈속에 네가 있어

서귀포를 3D로 굽는다

바람의 바다는 가시리마을에 온몸 기대고 있다

삼킨 파도로 섬돌 공장을 짓고
철썩, 담이 내려앉을 때 잊고 산 사람 다시 출력한다

횃대 위에 드리운 남은 옷 한 벌
양복 주머니에 곱게 수놓은 손수건 꽂고
해넘이와 함께 둑길 걷는 발자국을 굽는다

태양은 영영 지지 않고 바다를 깨운다

동굴 속 어둠도 일어서 4·3평화공원에서 그 이름을 찾는다

잊혀지지 않는 물굽인 한란을 수놓으며
차디찬 눈 속에서 어처구니 꽃 피운다

잠들지 못한 숱한 몽돌들
해변으로 몰려오는 서귀포를 3D로 굽는다

가뭄

가평 가는 길, 북면 다랑논에서 모내기가 한창이다

긴 가뭄에 바닥난 저수지마다 목이 탄다

가까운 하천의 물을 끌어와 어렵사리 모내기를 하고 있는 농부

"그나마 마르지 않은 저 냇물이 하늘이지요"

움푹 파인 주름 사이로 뚝뚝 떨어지는 땀방울

독립투사의 피처럼 목수건이 흥건하다

우리나라 다랑논은 저녁상을 물리고 난 뒤

한바탕 쏟아질 장대비를 기다린다

단무지 포교

미끈하게 긴 단 무를 쌀겨와 소금에 재웠지요
새콤달콤한 노란 치마폭 이야기

순진무구한 어린이의 훗날을 차곡차곡 쟁여
숙성을 기다리며
고구려 택암 스님은 일본 병사들의 주먹밥에 달린 무짠지를 만들었겠지요

동경 시나가와 부근의 동해사로 법담을 들으러 온
도쿠가와 이에야스
청빈한 수행승의 점심 공양에 올라온 담백한 무말랭이 맛에
그만 홀딱 반해버렸다지요

그때부터 택암 스님의 다꾸앙은 명식품이 되고
음식 문화 빼앗긴 사람도 머물지 않는 마음에 무릎 꿇고
슬픈 것을 고요로 음미하다 보면 아픔도 자비가 되지요

오늘도 세계 속의 단무지는 다꾸앙으로
한국인의 열불 속을 달래고

택암 스님을 다꽝 스님으로 발효시킨 일본의 특별한 비법은
독도로 미국으로 꼬리 흔들며
백 프로 취준생이 별로 없다네요

뜨겁거나 고독하면 혼자 처마 밑이나 담 위 삼나무 통 속에서
두어 달 썩어야겠지요
자아가 고들고들해질 때까지 면벽수행에 들어야겠지요

그릇의 차이

등짐이 무거운 것은
채울 수 없는 꿈의 그릇을 지고 가기 때문이에요

지폐 한 장 때문에 울어본 적 있냐고
자기 고통이 가장 크다는 당신
결코 가난에 쓰러지지 않아요

피 말리며 밤새 책과 씨름한 적 있냐고
온몸으로 절정에 닿으려 달려왔다는 당신
흡혈귀에게 결코 목을 빨리지 않아요

불의 피는 동맥으로 땀방울은
허기 달래는 한 모금 따뜻한 물이에요

눈물을 웃음으로 머금은 당신
사원의 자존심을 지키는 기둥이에요

어려운 내용 풀어주는
비유법의 경전이에요

들꽃의 기별, 바람에게 선사한 당신
빈 그릇 채워줄 한 권의 묵직한 책이에요

쑥, 쑥

몸이 차면 안 된다고
봄이면 엄마는 애간장을 챙겨 쑥 캐러 가셨다

열두 달 내 몸을 덥힌 파릇파릇한 것은
날마다 새록새록 올라오는
여느 애첩의 밥상보다 뜨거운 것이 되었다

잘 사는 걸 모르면 허해진다고
골똘한 식은 밥 대신 쑥을 닦고 말리던
엄마의 햇살과 바람은
앵 토라진 그늘을 쑥, 쑥 먹고

쑥떡 쑥떡 씹는 소리
나를 더 타오르게 했다

잘 죽는 걸 모르면 세상사 끌탕도 천양지차, 라고
쑥대밭을 헤치고

쑥떡 쑥떡 삼키는 목젖
쓴맛 든 후 더 단침이 고인다

마음이 차가우면 안 된다고
참새 방앗간 바퀴 조이듯 꽃샘바람 가르며
엄마는 과수원 언저리에 해쑥 캐러 오신다

일월오봉도 一月五峯圖

명정전을 개방하는 날 창경궁을 예약했다
군자를 만나러 가는 연꽃 되어
용마루 없는 왕비전에서 기다린다

용은 단청을 입고 모란 천장을 올려다보고 금빛 용이
되었다
구름 가운데 여의주를 물고 춤을 춘다

서찰을 품은 듯 비바람 병충해 막아준 위엄
수강궁을 창경궁으로 이름 지은 왕의 어용가가 들린다

학이 살아 자손을 막지 않는다
다섯 봉우리를 뒤편에 거느리고
해와 달이 소나무 사이에서 만난다

예지몽은 일월오봉도 속에서 뛰쳐나와 궁궐을 걷다
빛의 산란 속으로 날아오른다

통일의 길목에 그대 이름을 쓰다

가장 답답할 때 기적을 바라면
죽음을 불사한 정몽주의 일편단심이 충심으로 와서
조선 개국의 대업을 위해 헌신한 정도전의 사심史心이 된다

가장 좌절할 때 변화와 개혁을 꿈꾸면
12척의 배로 330척의 왜군을 물리친 이순신 장군의 용맹이 와서
하늘을 우러러 한 점 부끄럼 없는 윤동주의 순결한 애국심이 된다

가장 가엾은 사람을 생각할 때 한글을 주신 세종대왕의 마음에 귀를 기울이면
영원히 존재할 수 없는 내부의 분열은 제국주의의 희생양이 될 뿐
자유정신과 창조적 생활 아래 드넓은 홍익 세계가 하늘의 순리를 따른다

잘살기 위한 경제 부흥이 국민 행복, 문화 융성의 지름길이라면
창조적 도전 정신은 국가를 개조하고 사회를 바꾸어
단결과 전진으로 사람을 바꾼다

기적은 기적을 만드는 사람의 것이라면
다고르가 동방의 등불이라 칭한 코리아에 그 등불 다시 켜지는 날에
그대는 동방의 밝은 빛 비추는
금강산을 지나 백두 천지에 통일의 문을 여는 젊은이다

온갖 고초를 겪으면서 독립 만세를 외치던 애국이 비장한 상무尙武 정신이라면
질풍노도의 기개로 나라를 지키려던 단심은 진정한 용기와 지혜로
역사의 주인공은 바로 그대라고 우리의 선열들이 부른다

두려움 떨치고 통일의 길 위에 그대 이름을 쓴다
태백산맥 이어 천산에서 통일 노래 울려 퍼지는 날
궁서체의 그대 이름 휘몰이 춤을 춘다

화엄사 일주문 지나면

쉬어 가라 옷깃 잡던 만월당 동백나무 아래선
휴休, 그림자가 경전이다

낯선 얼굴들이 법문이다

산문을 지나 너른 마당 올라가면
이제까지의 인연은 불이문不二門

돌항아리에 고이 담아
더 이상 엮지 않고 반듯하게 걷는다

만개한 붉디붉은 꽃 한 송이가 해탈이다

| 해설 |

순수 원형을 찾아가는 존재론적 개진의 상상력

유성호 문학평론가·한양대학교 국문과 교수

1. 새로운 존재론을 지향하는 언어

오현정 시인의 아홉 번째 시집 『라데츠키의 팔짱을 끼고』는, 문헌과 풍경, 말과 글, 사막과 초원, 산록과 바다, 시와 신화와 별자리, 정치와 역사와 종교, 우주와 시원始原, 분단과 통일, 고대와 현대, 국경과 전쟁과 혁명의 흔적을 찾아 나서는 커다란 스케일의 모험과 극한의 답파踏破 기록이다. 시인은 "햇살과 나무와 사람들은 구름으로 흐르고/ 내일의 꿈들은 상상보다 먼저 날아가"고 있는 순간을 지극한 상상력과 열정으로 담아내면서, "살아 있다는 것은/ 먼저 간 사람의 몫까지 더 멀리 깊이 가보라는 행진곡"(「시인의 말」)이라고 은유한다. 이러한 선언에서 우리는 그가 삶의 엄연한 현재성과 무한한 미래적 가능성을 함께 궁구하는 품과 격을 선명하게 지니고 있음을 알게 된다.

물론 오현정의 시는 일차적으로 시인 스스로 자신을 고백하고 성찰하는 자기 인식의 속성을 강하게 띤다. 이러한 서정시의 자기 탐구적 성격은 이미 잘 알려진 원리이지만, 오현정 시인의 경우 그것은 매우 고유하고도 각별한 것이다. 그의 근원적 창작 동기는 낯선 시공간을 에돌아 궁극적으로 자신으로 귀환하려는 욕망이라고 부를 만하며, 그때 수반되는 새로운 자각과 발견 과정이 이번 시집에 섬세하게 기록되어 있기 때문이다. 따라서 그의 시가 단순한 자기 몰입의 나르시스적 몽환에 그쳤다면, 우리는 그의 시를 통해 한 자연인의 생각을 들여다볼 수는 있겠지만 완결된 서정시의 미학을 경험하지는 못했을 것이다. 그런데 다행스럽게도, 오현정의 시는 철저하게 개인 경험으로부터 발원했을지라도 그것이 세계를 개진하려는 열망으로 승화됨으로써 순수 원형을 회복하고 새로운 존재론을 지향하는 언어를 보여준다고 할 수 있다. 그 신생의 언어가 이번 시집의 근간이 되고 있는 것이다. 이제 그 존재론적 개진의 세계 안으로 천천히 들어가 보도록 하자.

2. 생명현상에 대한 지극한 긍정

오현정 시의 가장 중요한 재료는 삶의 순간마다 만나는 구체적이고 개별적인 사물과 사건들이다. 시인은 생명을 가진 모든 존재자들의 순간을 통해 신생과 성장과 퇴행과 소멸의 길을 예감하고 경험하고 또 새겨간다. 말할 것도 없이 이러한 과정은 하나의 사이클을 형성하면서 존재자의 생명현상을 설명하는 시간의 매트릭스로 작용한다. 그래서 신생에서 소멸에 이르는 과정은 불가피한 존재론적 운명과도 같은 표정을 지니게 된다. 하지만 이러한 '신생/소멸'이 곧바로 '긍정/부정', '삶/죽음'으로 치환되지 않는다는 데 오현정의 상상력이 깊이 가로놓인다. 말하자면 소멸의 순간에도 생명의 가능성을 바라본다든지, 신생의 순간에도 죽음의 기운을 예감한다든지 하는 역리적 발상과 어법이 그의 상상력을 떠받치고 있는 것이다. 곧 신생과 소멸은 존재자를 감싸는 양면적 존재 방식일 뿐이고, 어느 하나가 다른 하나보다 낫거나 모자라지 않은 양가성으로 현상하는 것이다. 오현정의 시는 이러한 신생과 소멸의 오랜 변증법을 밀도 있는 개성으로 형상화한 미학적 소산들이다. 먼저 다음 시편을 읽어보자.

파랄수록 아껴 먹었다
실천만이 진정한 약속이라고

망고 얼룩이 갈색 반점을 둥글게 그려나갔다

익지 않은 말이 시간의 눈썹을 지나 그늘의 소유자가 되었다

구속당하지 않으려고 식은 열이 오른다
한 쪽 넘길 때 그 안에 웅크리고 있던 옹이가 떠다니는 숨을 당긴다

숙성된다는 건 목젖에 걸려 있는 말꼬리에 먼지를 닦는 일이다

봉인되지 못한 여백의 청가시를 꺼내 접시를 닦고
너를 돋우는 따끈한 소반 정갈하게 차리고 싶어

주어진 재료로 무엇을 만들지 까칠한 입맛까지 부르면
아침 햇살에 기억의 거미줄을 걷고 모락모락 김이 나는 그 순간들

창고 속 단감 상자 위에서 신메뉴를 출시 중이다

기호와 암호를 푼 요리는 담백하지만
굴릴수록 혀에서 꼭대기로 천천히 고솜고솜 올라온다
—「수첩이 맛있다」 전문

'수첩'은 일상에서 일어난 사건과 앞으로의 일정을 기록하는 용도를 가지고 있다. 시인은 파란 수첩을 아껴 먹었다고 표현한다. 아마도 깨알처럼 씌어 있었을 글자들과 그 안에 새겨진 시간을 아꼈으리라. 그 안에는 "실천만이 진정한 약속"이라든지 하는 아직 "익지 않은 말"들이 오랜 시간 동안 '얼룩'과 '반점'과 '그늘'을 그리며 남아 있다. 이때 오현정 시인이 둥글게 배열해가는 '수첩'의 말들은, 한 페이지 넘길 때마다 그 안에 웅크리고 있던 옹이가 숨을 당기는 팽팽함을 품고 있다. 구속당하지 않는 자유로움을 견고하게 지키면서 시인은 "목젖에 걸려 있는 말꼬리에 먼지를 닦"듯이 성숙해간 시간을 바라보는 것이다. 차근차근한 숙성 과정을 거쳐 이제 시인은 "봉인되지 못한 여백의 청가시"로 접시를 닦고 정갈하게 소반을 차리고자 한다. 까칠한 입맛까지 부르는 "아침 햇살에 기억의 거미줄을 걷고 모락모락 김이 나는 그 순간들"이야말로 수첩을 꺼내 무언가를 정성스레 기록했던 그 빛나는 순간들이었을 것이다. 새삼 혀에서 꼭대기로 천천히 올라오는 맛있는 순간이 바로 수첩의 존재론을 가능하게 한 은유적 사건이 되어주는 것이다. 이렇게 "푸르고 깊은 언어"(「동지同志라는 말」)를 통해 "너에게로 가는 희미한 길"(「그 여자, 비천도해飛天渡海」)을 밝혀온 오현정 시인은 자신의 시업詩業이 어떤 낱낱의 시간을 기록하고 오랜 시간 후 그 봉인을 풀어 한없이 향기롭고 맛있는 순간을 원심력으로 펼쳐가는 기억의 유산이 되게끔 하고 있는 것이다. '시인 오현정'이 태어나고 자라고 성숙하고 고솜고솜 올라오는 신생의 장면이 여기에 새겨져 있다. 다음은 어떠한가.

서울대학병원 장례식장에 다녀오는데 구름나무에 은행비가 내린다
무던히도 사계를 버티며 통증을 파도타기 하던 독신 귀족나무는
할 말이 아직 많은데 수액을 잃어버린 채 낯선 곳으로 혼자 가려다
비행기 좌석을 나란히 예약했는지 은행 두 알 내 어깨 위에 얹어놓고 간다

영혼은 3막 3장 다음 붙임줄을 해독하는 행진이라고
남은 신명을 어쩌지 못해 셰익스피어의 오셀로처럼 외치다
못다 부른 노래 지휘봉에 실어 영광과 희망의 나라로
피아니시시모ppp를 타고 포르티시시모fff를 건너고 있다

다시 만날 땐 너의 웃음보따리가 더 커야 해
마지막 말을 품고 가라앉는 눈시울을 서로 올린다

연두 싹 돋는 무릎으로 발맞춰 걷는다

—「라데츠키의 팔짱을 끼고」 전문

이번 시집의 표제작인 이 작품은 순간성과 영속성의 변증법을 아름답게 구현한 결실이다. 대학병원 장례식장이라는 배경과 "무던히도 사계를 버티며 통증을 파도타기 하던 독신 귀족나무"는 참으로 잘 어울린다. 그 나무는 아직 할 말이 많지만 "수액을 잃어버린 채 낯선 곳으로 혼자 가려다"가 "은행 두 알"을 시인의 "어깨 위에 얹어놓고 간다". 구름나무에 언뜻 내렸던 은행비의 실체가 그것이다. 시인은 "영혼은 3막 3장 다음 붙임줄을 해독하는 행진"이라고 외치면서 "못다 부른 노래 지휘봉에 실어 영광과 희망의 나라로" 나아가고 있다. 이때 시인이 팔짱을 끼고 있는 '라데츠키Radetzky'는 오스트리아 작곡가 요한 슈트라우스 1세가 지은 행진곡 〈라데츠키 행진곡〉에서 따온 것일 터이다. 행진곡을 연주할 때 관객이 박자에 맞추어 박수를 치는 관례가 있는데 이러한 행진곡풍의 음악을 가져와서 시인은 "너의 웃음보따리"를 소망하고 "마지막 말을 품고 가라앉는 눈시울"에서 장례식장과는 전혀 다른 "연두 싹 돋는 무릎으로 발맞춰 걷는" 풍경을 상상해보는 것이다. 이렇게 오현정은 "그늘진 나이테가 환해지"(「고령가야 트레킹」)는 신생의 순간을 발견하거나, 그 안에서 "생명의 신비와 자연의 갈채"(「호모데우스를 활주하다」)를 한껏 느껴가는 생명의 시인이다.

결국 오현정의 시적 상상력 안에서 '수첩'과 '행진곡'은 모두 오랜 시간을 관통하여 막 새롭게 태어나고 번져가는 어떤 신생의 언어적 기운을 느끼게 해준다. 모두 자신이 써가는 '시詩'의 은유적 등가물일 것이다. 우리는 그의 시를 통해, 인간이 인위적으로 그어놓은 '순간/영원', '삶/죽음' 같은 표지標識와 경계가 지워졌을 때의 자유로움을 경험하게 된다. 그 자유로움이 바로 우리가 잃어버린 생명의 속성이자 원리일 터인데, 오현정의 시는 이러한 생명의 속성과 원리에 대한 형상화에 매진하고 있는 셈이다. 앞으로도 오현정 시인은 우리 시대의 불모성과 교감 단절 양상에 대한 유력한 시적 항체를 구축하는 쪽으로 한 걸음씩 나아갈 것이고, 그의 시는 이러한 생명현상에 대한 지극한 긍정을 보여주는 사례로 우뚝하게 기록될 것이다.

3. 순수 원형을 찾아가는 문학적 탐험 과정

다음으로 오현정 시학에서 빠질 수 없는 모티프는 단연 '여행'이다. '여행'이란 미지의 길 위로 자신을 자발적으로 내몲으로써 일상에 길들여져 있는 자신을 새롭게 발견하는 방법 가운데 하나이다. 익숙한 환경에서 훌쩍 벗어나 전혀 다른 방식으로 우리를 감싸 안는 사물과 풍경을 만나보는 여행은, 그 점에서 우리에게 무엇이 결핍되어 있고 과잉되어 있는지를 성찰하게 해주는 실천적 행위이다. 그리고 그것은 인간의 욕망이

닿지 않은 순수 원형의 풍경 혹은 시간의 속살들을 만나는 상상적 제의祭儀 과정이기도 할 것이다. 오현정 시인은 근대적 효율성에 의해 서서히 사라져가고 있지만 그 사라짐의 눈부심으로 하여 오히려 역설적으로 빛나는 시간의 흔적들을 찾아 나서는 문학적 탐험가로서의 모습을 환하게 보여준다. 인간의 욕망과 자연 사물이 이루고 있는 비대칭적 힘에 대해 생각할 수 있는 계기들을 우리에게 가득 선사해주는 것이다. 다음 작품을 한번 읽어보자.

너에게 갈 때 조이는 신발 끈 둘은 오늘도 평행선이다

X와 Y로 묶이지 않는 도저히, 를 단단히 싸고
얘기하지 않아도 알아주길 바라던 마음 서툴게 풀어놓는다

인연이란 바로 너야, 허겁지겁 달려와도 타이밍은 늘 어긋난다

차라리 비자도 없이 화폐도 없이 그냥 갈걸
한 해의 절반을 어둠 속에 누워 오직 너에게만 푹 잠길걸

백야를 밝힐 전압도 창가를 두드리는 이방인과 나눌 공용어도 모른 채
경선이 만나는 극점 부근에서 너의 눈 속으로 빨려 들어가는

시간이 개념 없이 사라지는 거기
한 발짝 내딛으면 한 시간이 지나버리는 경도
너에게 안겨 바다표범처럼 수수만년 유빙을 건져 올려
빙하 칵테일로 혀를 식히고
펭귄의 신비한 몸에 깃발을 꽂을걸

안타르티카Antarctica 그 땅 아래 꿈틀대는 살아 있는 것들로
나의 숨을 오래오래 너의 피톨에 담그는 동안

고무보트를 타고 상륙하는 연인들
맨발이 되어
환호하는 그곳, 언제 출발이지?
―「남극은 해평선이다」 전문

오현정 시인의 발걸음은 사막에서 초원까지, 대륙에서 해양까지 안 닿는 데가 없다. 그 가운데 가장 극지極地이자 험지險地라고 할 수 있는 '남극'을 다룬 작품이 여기에 있다. 시인은 오늘도 시간의 평행선을 달릴 "신발 끈 둘"을 조이면서 '너'에게로 간다. "얘기하지 않아도 알아주길 바라던 마음"을 풀어놓으며 "인연이란 바로 너"라고 외치면서 달려간다. 그렇게 "한 해의 절반을 어둠 속에 누워 오직 너에게만 푹 잠길" 것을 상상하는 시인은 "백야를 밝힐 전압도" 없는 곳에서, "이방인과 나

눌 공용어도 모"르는 곳에서, "너의 눈 속으로 빨려 들어가는" 순간을 열망한다. 그 "시간이 개념 없이 사라지는" 순간, '너'에게 안겨 "수수만년 유빙을 건져 올"리는 신비로운 꿈을 꾼다. 남극대륙 아래 "꿈틀대는 살아 있는 것들로" 하여 시인은 오래도록 '너'를 열망하고 '너'와 함께할 수 있었던 것이다. 여기서 '해평선'은 하늘과 바다가 만나 수평을 이루는 선이므로, 신비로운 여행의 순간을 끌어올려 시인은 언제나 "꿈으로 출렁이는 사람들이 해평선을 보러"(「바다를 믿어요」) 간다고 노래할 수 있었을 것이다. 이처럼 시인에게 남극이라는 해평선은 "빛의 산란 속으로 날아오른"(「일월오봉도一月五峯圖」) 순간을 가능하게 해준 곳이고, 그에게 여행이란 "절벽 꼭대기에 지어진 호텔"(「절벽 호텔」)처럼 "내 속의 것이 네게 닿을 때까지"(「사물에게」) 가닿는 열망의 외적 형식이었던 셈이다.

남아프리카 여행 중 만난
현지인 가이드 지미
두 귀를 떼어내 머리에 붙이면
영락없이 하마 닮은
하지만 반갑다며 내미는 검은 손길
목화송이처럼 부드러웠다

여행 중 목이 아파 연달아 기침을 할 때마다

하쿠나마타타
낯선 물갈이 병으로 끙끙거릴 때에도
하쿠나마타타
짐바브웨의 검은 햇살이 빙긋이 웃는다

모국의 여왕을 흠모한 리빙스턴의 세레나데
빅토리아 폭포 소리 너머로
아슴푸레 떠오르는 무지개를 가리키며 연신
하쿠나마타타

다이아몬드처럼 반짝이던 하얀 이 드러내며
하쿠나마타타, 연발하던
그 사내의 눈빛이 가을 하늘에 아물거린다
내가 허기뚱할 때마다
—「하쿠나마타타」 전문

제목 '하쿠나마타타'는 아프리카 말로 '다 잘될 거야'라는 뜻을 품고 있다. 음상이 독특하고 음률적이어서 그 자체로 어떤 주술적 효과까지 가진 말이다. 시인은 남아프리카 여행 중에 만난 가이드를 떠올린다. 반갑다며 내민 목화송이처럼 부드러운 검은 손길로 기억되는 그 현지인은, 여행 중 시인이 난경難境에 처할 때마다 한결같이 "하쿠나마타타"라고 말한다.

그때마다 "짐바브웨의 검은 햇살"도 따라 웃는다. 영국 탐험가 리빙스턴이 발견하여 모국 여왕의 이름을 붙인 빅토리아 폭포에서도 그는 "떠오르는 무지개를 가리키며" 그 긍정의 언어를 말한다. 그렇게 "하쿠나마타타, 연발하던/ 그 사내의 눈빛"이 "허기뚱할 때마다" 아물거리는 시인은, 이울어가는 가을 하늘에 궁극적 긍정과 낙천의 언어가 자신을 끌어가는 것을 느끼는 것이다. 이처럼 시인은 여행 중에 남았던 인상적인 순간들을 현재로 가져와서 "그 누구도 대신할 수 없는 나의 꿈"(「대신할 수 있어」)을 톺아 올린다. "마차와 람보르기니가 공존하는 도시"(「알렉산드리아」)를 찾아 나서기도 하고 "백두산록 저 너머 고구려와 발해의 옛 땅 북간도에 살아 숨 쉬는 겨레의 혼"(「봄이 길었으면 좋겠다」)을 탐구하기도 한 시인의 스케일과 행로가 "고대와 현대를 가로지른"(「두근두근 발굴단」) 열정적 탐구 의지로 나타난 것이다.

독일 미학자 베냐민W. Benjamin은 외부 세계와 내면 의식의 순간적 통일, 가령 세계의 근원이나 자연 사물과의 순간적 합일을 '아우라Aura'의 체험이라고 말한 바 있다. 여기서 '아우라'는 사물들이 내뿜는 한 번뿐인 고유 속성이자 그 외현外現을 함의한다. 오현정 시인이 찾아 나서는 여행의 험지들도 이러한 아우라가 살아 있는 마지막 터라고 할 수 있을 것이다. 물론 그곳은 산간벽지 같은 물리적 주변부일 수도 있고, 보통 사람들이 가닿을 수 없는 정신의 극한일 수도 있으며, 고단한 삶을 이어가는 사람들이 모인 곳이기도 하고, 상상으로나 도착할 수 있는 격절의 공간일 수도 있다. 오현정 시인은 이러한 곳을 답사하면서 "네 안의 아우라가 구름과 바람과 햇살의 손을 잡고"(「하늘은 바나나」) 있는 순간을 탈환하고 또 남겨간다. 그러한 실례들을 증언하고 있는 오현정의 시를 읽으면서 우리도 그러한 경험을 간접적으로 하게 되지 않는가. 이 모든 것이 순수 원형을 찾아가는 오현정 시인만의 문학적 탐험 과정이 아닐 수 없을 것이다.

4. 존재론적 기원에 대한 애틋한 기억

오현정의 이번 시집은 시간에 대한 경험과 기억의 재구성이라는 서정시의 특유한 양식적 특성을 일관되게 내보이는 성과이다. 그의 시는 기억의 다양한 양상을 취택하면서 기억의 원리를 따라 삶의 근원에 대한 상상적 경험을 부지런히 치러내고 있다. 그의 시는 그리움과 따듯함을 주조로 하는 위안의 언어를 통해 기억의 원리를 수행해나가는 특성 또한 지니고 있다. 그렇게 오현정 시인은 기억과 의탁依託을 통한 깊은 성찰의 시간을 가지면서, 시적 대상을 향한 한없는 매혹과 그리움을 노래해간다. 그 가운데서 우리는 자신의 존재론적 '기원origin'으로 끊임없이 회귀하려는 시인의 강한 열의와 만나게 되는데,

그 일차적 관심은 삶의 가장 원형적인 상像을 부여해주신 부모님을 향하게 된다. 다음 작품은 특별히 '아버지'를 기억하고 노래한다.

> 꽃 피는 살구나무 아래서 아버지를 기다린다
>
> 사 오신 별사탕을 조롱조롱 달아매 밤엔 알록달록 별을 띄워
>
> 친구들 모아 따 먹게 할 거야
>
> 미친 아버지의 여자가 종종 오는 길 물 뿌려 미끄러트려야지
>
> 예측은 맞아떨어져 부러진 다리 절며 도망가면 좋겠다
>
> 다시는 허튼짓 않고 고요히 사라졌으면 더 좋겠다
>
> 나는 우리 엄마 영원한 애인별이니까
>
> —「생각한다」 전문

시인은 "꽃 피는 살구나무 아래서 아버지를 기다린다". 아마도 어릴 적 기억일 그 '살구나무 아래'는 모든 것을 환하게 밝히는 만남의 표지였을 것이다. 아버지가 사 오신 별사탕은 조

롱조롱 매달려 밤에는 알록달록 별을 띄우곤 했을 것이다. 시인은 친구들을 모아서 별을 따 먹게 할 거라고 상상해본다. 아마도 별은 그렇게 어린 시절의 모든 것을 밝혀주었을 것이다. 그러나 음화陰畫도 만만치 않아서, 시인의 어린 날은 "미친 아버지의 여자가 종종 오는 길"이라든지 "허튼짓 않고 고요히 사라졌으면" 하는 바람이라든지 하는 것으로 엮인 상처와 분노의 기억이 깊이 깃들여 있다. 그 모든 '생각한다'의 주어와 목적어는 그렇게 때로는 단호하게 분리되고 때로는 어느새 자신들의 위치를 바꾸면서 한 몸이 되기도 한다. "나는 우리 엄마 영원한 애인별"이라는 시인의 '생각'은 그 모든 과정을 수렴하면서 아버지–엄마의 순간적 회복과 소멸을 동시에 수행한다. 이때 오현정의 시는 기억 속에 웅크리고 있던 순간을 통해 현재형의 자의식을 첨예하게 토로하는 과정으로 나아간다. 그의 이러한 의식을 구성하는 직접적 질료는 구체적 경험이고 그러한 경험을 표현하는 원리가 바로 생을 순간적으로 파악해내는 그만의 기억일 것이다. 그 경험과 기억은 "모래폭풍에도 지워지지 않는 상형문자 하나"(「절벽 호텔」)처럼 항구적으로 남아 오현정 시인으로 하여금 "잠들지 못한 숱한 몽돌들"(「서귀포를 3D로 굽는다」)을 식솔로 받아들이게끔 하는 것이다.

몸이 차면 안 된다고
봄이면 엄마는 애간장을 챙겨 쑥 캐러 가셨다

열두 달 내 몸을 덥힌 파릇파릇한 것은
날마다 새록새록 올라오는
여느 애첩의 밥상보다 뜨거운 것이 되었다

잘 사는 걸 모르면 허해진다고
골똘한 식은 밥 대신 쑥을 닦고 말리던
엄마의 햇살과 바람은
앵 토라진 그늘을 쑥, 쑥 먹고

쑥떡 쑥떡 씹는 소리
나를 더 타오르게 했다

잘 죽는 걸 모르면 세상사 끌탕도 천양지차, 라고
쑥대밭을 헤치고

쑥떡 쑥떡 삼키는 목젖
쓴맛 든 후 더 단침이 고인다

마음이 차가우면 안 된다고
참새 방앗간 바퀴 조이듯 꽃샘바람 가르며
엄마는 과수원 언저리에 해쑥 캐러 오신다

—「쑥, 쑥」 전문

이번에는 '엄마'다. 엄마는 "몸이 차면 안 된다고" 봄만 되면 쑥을 캐러 다니셨다. 자연스럽게 어린 시인은 "파릇파릇한 것"으로 몸을 덥힐 수 있었고, 그 쑥은 "날마다 새록새록 올라오는/ 여느 애첩의 밥상보다 뜨거운 것"으로 남았다. "골똘한 식은 밥 대신 쑥을 닦고 말리던/ 엄마의 햇살과 바람"은 그때마다 "그늘을 쑥, 쑥 먹고" 자랐을 것이다. "쑥떡 쑥떡 씹는 소리"는 어린 시인을 더욱 타오르게 했는데, 여기서 '쑥, 쑥'은 무언가 자라나는 모습을 나타내는 의태어, '쑥떡 쑥떡'은 누군가를 험담하는 의성어의 언어유희pun로 활용된다. 마음이 차면 안 된다고 "과수원 언저리에 해쑥 캐러 오신" 엄마의 초봄 모습도 그렇게 "쑥, 쑥" 인화되어 나타나고 있는 것이다. 이때 엄마의 아련한 모습은 어린 시인에게 "당신의 경전을 야생의 언어로 읽는"(「사막여우의 길」) 순간을 허락해주셨고, 비로소 "간절한 사람은 전설이 될"(「새털구름이 이불을 펴다」) 수 있다는 것도 알게 해주셨다.

오현정의 시는 새로운 것에 대한 발굴보다는 우리가 효율성의 늪에 빠져 잊어버린 것들에 대한 상상적 회복에 더욱 공력을 들인다. 우리가 세상의 속도와 새것을 향한 짓눌림에 의해 망각하고 있었던 것은, 서정시의 존재근거인 삶의 시간성과 실존적 운명 그리고 근원에 대한 관심일 것이다. 이때 '근원origin'

이란 형이상학에 대한 충동을 의미하기도 하지만, 인간 본래의 위의威儀랄까 존재근거에 대한 성찰에서 유추되는 정체성을 말하는 것이기도 하다. 이러한 근원적인 것을 탈환하는 상상력은 서정시가 이미 오랫동안 쌓아온 기율이기도 하고, 망각된 것들을 복원하고 현대적으로 변용하는 일에 심혈을 기울여온 서정시의 역사이기도 하다. 이렇게 오현정의 시에는 존재론적 기원에 대한 애틋한 기억이 살아 있는 것이다.

5. 생의 크나큰 국량局量으로서의 지혜

우리는 과학기술의 눈부신 발전으로 찬란한 장밋빛 미래상을 그리는 시대를 살고 있다. 그러나 이러한 방향은 이제 돌이킬 수 없는 불가역不可逆의 재앙이기도 하다. 그것은 우리가 그동안 차곡차곡 축적해온 인문적 통찰과 역사 감각과는 전혀 다른 층위에서 인간의 존엄이나 존재 의의에 대한 근본적 위협과 불안을 가져다주기 때문이다. 따라서 우리로서는 이러한 변화의 행간에 얼핏얼핏 비치는 어두움을 섬세한 감각으로 읽어내는 역설적 절망을 불가피하게 치를 수밖에 없을 것이다. 그리고 그러한 그늘의 세세한 결을 읽는 것이야말로 우리가 기대하는 서정시의 권역일 것이다. 오현정의 시는 이러한 우리 시대의 불모성을 증언하고 그 안에서 견고한 지혜의 원리를 발견하는 쪽으로 나아간다. 그의 노래가 도달한 궁극의 지혜가 거기에 있다.

> 쉬어 가라 옷깃 잡던 만월당 동백나무 아래선
> 휴休, 그림자가 경전이다
>
> 낯선 얼굴들이 법문이다
>
> 산문을 지나 너른 마당 올라가면
> 이제까지의 인연은 불이문不二門
>
> 돌항아리에 고이 담아
> 더 이상 엮지 않고 반듯하게 걷는다
>
> 만개한 붉디붉은 꽃 한 송이가 해탈이다
> ―「화엄사 일주문 지나면」 전문

'일주문一柱門'은 절에 들어서는 산문山門 가운데 첫 번째 문을 말한다. 기둥이 한 줄로 된 것에서 유래된 것으로 일심一心을 상징하기도 한다. 신성한 곳에 들어서기 전에 세속의 번뇌를 말끔히 씻고 일심으로 진리를 향하라는 뜻이 담겨 있다고 한다. 오현정 시인은 "쉬어 가라 옷깃 잡던 만월당 동백나무 아래"에서 "휴"라는 단어가 떠오르는 것을 느낀다. 여기서 '휴'는 '쉼'이라는 뜻과 '휴' 하는 숨소리를 동시에 환기한다. 시인은 그림자를 경전 삼고 낯선 얼굴들을 법문 삼아 산문을 지나 너른 마당을 올라가면서, 이제까지의 인연이 '불이문'으로 서 있음을 발견한다. 붉디붉은 꽃 한 송이에서 해탈을 느끼는 시인의 지혜가 화엄사 일주문을 지나면서 서서히 완성된 것이다. 말하자면 지극한 일심으로 일주문을 통과해 감으로써 시인은 비로소 "누구를 위해 그 무엇을 해준다는 건 바로 나를 태우는 일"(「그에게서 탄 냄새가 났다」)이며 그 순간 자신도 승화되는 것을 느끼고 있는 것이다.

> 등짐이 무거운 것은
> 채울 수 없는 꿈의 그릇을 지고 가기 때문이에요
>
> 지폐 한 장 때문에 울어본 적 있냐고
> 자기 고통이 가장 크다는 당신
> 결코 가난에 쓰러지지 않아요
>
> 피 말리며 밤새 책과 씨름한 적 있냐고
> 온몸으로 절정에 닿으려 달려왔다는 당신
> 흡혈귀에게 결코 목을 빨리지 않아요

불의 피는 동맥으로 땀방울은
허기 달래는 한 모금 따뜻한 물이에요

눈물을 웃음으로 머금은 당신
사원의 자존심을 지키는 기둥이에요

어려운 내용 풀어주는
비유법의 경전이에요

들꽃의 기별, 바람에게 선사한 당신
빈 그릇 채워줄 한 권의 묵직한 책이에요
―「그릇의 차이」 전문

여기서 말하는 '그릇' 역시 음식을 담는 도구의 뜻을 지나 사람의 성정性情이나 국량局量이라는 뜻을 함축한다. 등짐이 무거운 사람은 "채울 수 없는 꿈의 그릇을 지고 가"는 것이다. "자기 고통이 가장 크다는 당신" 혹은 "온몸으로 절정에 닿으려 달려왔다는 당신"에게 시인은 고통의 절대성을 물리치고 사실은 그 고통이 "한 모금 따뜻한 물"일 수 있음을 받아들이라고 말을 건넨다. 그때 비로소 "눈물을 웃음으로 머금은 당신"은 바로 "사원의 자존심을 지키는 기둥"이 되지 않겠는가. 그 '당신'이 "빈 그릇 채워줄 한 권의 묵직한 책"이라는 전언에서 오현정 시인은, 그릇의 차이를 통해 생의 크나큰 국량으로서의 지혜를 강조하는 모습을 보여준다. 이때 시인은 "진정한 경청은 그 사람의 자서전 읽기"(「대발 속으로 간 귀」)임을 알아가면서, 사람의 크기가 곧 그릇의 크기임을, 그리고 그 그릇의 차이에 의해 삶의 어떤 차원이 재조정될 수 있음을 설파한다. 이는 오현정 시학이 가닿은 궁극의 지점이기도 할 것이다.

이처럼 오현정 시인은 자신이 살아온 시간들을 반영하는 데 머물지 않고, 그 세계를 판단하고 해석하면서 근원적인 삶의 형식에 대하여 심도 있게 질문해간다. 실존적 물음을 여러 차례 던지면서 지나온 시간의 깊은 심연을 성찰하려는 의지를 적극적으로 드러낸다. 삶의 '다른 목소리the other voice'를 경청하면서 자신만의 상상적 존재 전환을 실천하려고 한 것이다. 존재에 대한 섬세한 확인과 성찰의 이중적 작업을 수행하면서 말이다.

6. 서정시의 근원 지향적 속성

원래 서정시는 고유한 회상과 기억의 형식으로 써진다. 현재에 대한 강렬한 해석과 판단을 꾀할 때조차 서정시는 지난 시간을 아득하게 바라보고 표현한다. 오현정의 시는 이러한 원리에 매우 충실한 성과로서 일관되게 자연 풍경 속에서도 시간의 깊이를 읽고 그 안에서 우리 존재의 근원을 상상하는 성취를 올린다. 그의 시는 형식상으로는 비교적 길고 격정적이지만 내용상으로는 신산한 세월을 지나온 이의 심미적 견인의 정신을 담고 있는 세계이다. 이처럼 오랫동안 쌓아온 삶의 양상들을 남다른 사유와 감각으로 표현한 그는 자신의 삶에 대해 깊이 성찰하는 품을 오래도록 보여준 것이다.

그렇게 오현정의 이번 시집은 모든 사물이 일정한 시공간 속에서 존재하다가 그 물리적 유한성으로 말미암아 결국은 사라지게 됨을 통해 그 어떤 현상도 순간적으로 존재했던 것에 지나지 않음을 증언한다. 우리에게 영원성이란 그리움의 대상이 될 만한 사물이나 현상에 대해 부여하는 상상적 존재 형식인 셈이다. 오현정의 시에서 이러한 영원성에 대한 갈망이나 그리움의 형식을 발견하는 것은 그리 어려운 일이 아니다. 물론 이러한 지향과는 대척적 지점에서 일종의 해체와 아이러니의 미학이 활발하게 발견되는 것을 부정하기는 어렵지만, 그의 시는 서정시가 본래적으로 가지는 근원성에 대한 탐구 의지로 충일하다 할 것이다. 결국 오현정의 이번 시집은 이러한 서정시의 근원 지향적 속성을 통해 순수 원형을 찾아가는 존재론적 개진의 상상력을 노래한 탁월한 미학적 결실이라고 할 수 있을 것이다.